中职主题班会
设计技巧与优秀案例

李迪◎著

中国轻工业出版社

图书在版编目(CIP)数据

中职主题班会设计技巧与优秀案例/李迪著. —
北京：中国轻工业出版社，2014.12（2023.8重印）
ISBN 978-7-5019-9905-7

Ⅰ.①中… Ⅱ.①李… Ⅲ.①班会-中等专业
学校-教材 Ⅳ.①G718.3

中国版本图书馆CIP数据核字（2014）第202707号

责任编辑：吴　红
策划编辑：吴　红　　　　　责任终审：杜文勇
责任校对：刘志颖　　　　　责任监印：吴维斌

出版发行：中国轻工业出版社（北京东长安街6号，邮编：100740）
印　　刷：三河市鑫金马印装有限公司
经　　销：各地新华书店
版　　次：2023年8月第1版第4次印刷
开　　本：710×1000　1/16　印张：17
字　　数：150千字
印　　数：9001—11000
书　　号：ISBN 978-7-5019-9905-7　　定价：35.00元

读者热线：010-65181109，65262933
发行电话：010-85119832　传真：010-85113293
网　　址：http://www.chlip.com.cn　http://www.wqedu.com
电子信箱：1012305542@qq.com
如发现图书残缺请拨打读者热线联系调换
120740Y1X101ZBW

推荐序：心在哪里，精彩就在哪里

在未到郑州市科技工业学校当校长之前，我不认识李迪老师，只听说李老师是一个有多年工作经验的班主任，听说她为学生写了很多班级成长日记，听说她出版了很多著作。在我的印象里，优秀班主任大多有一个比较固定的形象模式，或者是一言九鼎、刚强果断的"硬汉子"，或者是豪爽利索、雷厉风行的"铁娘子"，他（她）们的音容笑貌让你在茫茫人海中一眼就能认出来。但是，在我认识李老师后，原本定格在脑海中的优秀班主任形象瞬间消失。李老师看起来文静而淡定，她书生气十足，甚至有些太过斯文，简直让人怀疑：她怎么能"降服"那些正值青春叛逆期、个性张扬、桀骜不驯的中职生呢？

随着时间的推移，我明白了：一个人的心在哪里，精彩就在哪里。当一个教师的全部心思都用在了教学上，当他（她）的事业和生活已经融为一体时，无论其性别、年龄、气质特征如何，他（她）都能胜任班主任工作，都能拥有精彩的教育人生。这些教师在生活中也许沉默寡言、不善交际、天真腼腆，但一旦走进教室面对孩子，一旦站在讲台上打开课本，一旦提起教育的智慧和自己的学生，便神采飞扬、妙语连珠。那睿智的思辨和侃侃而谈的气质风度，与日常生活中的他（她）简直判若两人。

我认为这样的人堪称幸福、卓越的中职班主任。

我认为李迪老师就是这样的一个中职班主任。

李老师与我交流不多，她每天要备课、教课、与学生谈心、写教学反思……她的一切行动都是围绕课堂、围绕学生的。她很重视儒家倡导的"慎独"——无论是否有人检查、督促，她都会尽心尽力地做自认为该做的事。她与同事交往，给人的感觉是"卖鱼生怕近城门，况肯到红尘深处"，但她和学生在一起，或者跟别人谈起自己的学生，却又是另一番模样——博闻强识、谈笑风生、平易近人、颇有亲和力……

我到教学楼巡视时，常能看到李迪老师为学生开班会的情景：或循循善诱，或频频点头，或指点江山、激扬文字……教室里的学生或思索，或倾听，或欣喜，或恍然大悟发表言论……这是我们学校所倡导的活力课堂的最佳诠释，它"活"就"活"在：即使教室里一片寂静，也能让人感受到思索的旋律在流淌，智慧的火花在闪耀。

德育是个大命题。中职德育更具特殊性。按照当前中等职业学校的教学安排，在2～3年的时间内，要将这些初中刚毕业、生理和心理都还不成熟的孩子培养成能够独立步入社会接受生活和工作挑战、心智成熟的合格的应用型和技能型人才，对广大中职教育工作者来说，该是怎样的一种挑战！我们又该如何面对这样的挑战？

考虑到李迪老师行走在十几年班主任道路上的探索已初显成效，考虑到德育不是抽象的概念，而是师生在心灵交流和碰撞中的点点滴滴，我们学校领导班子在一起商量，让李迪把她为自己班级所设计的班会，利用德育课在别的班级推广。李老师很爽快地答应了，她也因此有了更为广阔的成长空间，或者说是拥有了更富饶肥沃的"试验田"。因为李老师所教的是学前教育专业，班级里女生多、男生少，在接受"推广自己的班会"这一任务后，她专门增加了针对男生问题的内容，并虚心地找有丰富教学经验的领导和同事听课、评课。李老师的班会课在我们学校是完全开放的，任何一个教师都可以推门听课，并提出意见和建议。这极大地丰富了她的教学经验。比如，她在2012年为电子班学生召开班会"天底下的三件事"后，出现了新的问题，于是衍生出"姑且让'3乘以8等于23'"这个班会。这两个班会成功召开后，自己班的学生又出现了"事不关己，高高挂起"的现象，于是再次衍生出一个班会——"不是我的错"。

这才是学生喜欢又需要的班会；这才是有滋有味的德育；这才是中职教师应该思索和探讨的问题；这才是颇有借鉴价值的班会实录。它没有作秀，没有迎合，只着眼于青春期学生的特点，从行为养成、心理健康、职业规划指导及青春期学生所面临的相关问题出发，以教育心理学为基础，结合德育实践经验，对典型案例进行剖析，以期找到有效的解决途径，帮助学生正确看待和处理青春期所面临的问题。相信这本书会对广大中职德育工作者有所启发和裨益。

沈从文说：照我思索，可理解"我"；照我思索，可理解"人"。

我在这里说：照此书思索，可理解中职班会何以精彩；照此书思索，可理解卓越班主任何以卓越。

穆书涛

（郑州市科技工业学校校长）

2014 年 4 月 30 日

前言：创意"曲径通幽"的班会课

新学期伊始，有远方的老师在互联网上向我求助："李老师，我现在为学生设计一个什么样的班会比较好？"

我说："马上到'教师节'了，建议你设计'感恩教师'的主题班会。"

这位老师微微失望："我觉得行为习惯的养成更重要……"

我心头一乐：怎知感恩教师的班会，就不会促进学生行为习惯的养成呢？创意班会课，就是要曲径通幽，如同舞台上的青衣走台步，明明可以直奔主题，却要先绕一个圈子，衣袂飘飘处人美、情美、行动美，让学生在不知不觉中接受美的熏陶，悟出正确的选择。

比如，新生报到第一天，我明明是想让学生走出中招考试的阴影，却只是在班会上送给孩子们一首《南瓜》诗："洋葱、胡萝卜和西红柿，不相信世界上有南瓜这种东西。他们认为那是一种空想。南瓜不说话，默默地成长着。"然后我深情地解释："也许你的亲朋好友不相信你们来到中等职业学校还会有前途，但是老师相信你，你也要相信自己。如果你真的是个南瓜，就结一个果出来吧！什么都不要说了，从今天开始，从现在开始，老师和你们一起努力……"

学生自然会在《南瓜》这个"曲径"里，立下高远的志向——这便是"通幽"了。

再如，学生第一次进教室，我会讲《石头汤》的故事，并说："我想在咱们班煮一锅石头汤。而且我很高兴地发现，我这里刚刚把锅支起来，马上就有同学向里面投放了盐巴和胡萝卜。现在，请大家回想一下，有哪些同学往石头汤里投入了美味的蔬菜？"

于是，近段时间为班级服务的同学，一个个站起来做自我介绍，并接受同学们的掌声。每一次的掌声，都是一次感恩的强化，又是一次因付出而快乐的情绪体验，更为我们选择合适的班干部埋下了伏笔——因为肯定有三五个学生，不止一次站起来接受同学们的掌声。这些孩子，就是我们的班干部，他们在接受掌声的同时，会提高自己的威信和责任感……

我所设计的"感恩教师"班会，第一个环节就是让学生讨论"不尊重老师的行为有哪些"——上课睡觉、玩手机，不写作业，给老师起外号，顶撞、辱骂老师等；第二个环节是"你对老师知多少"，引导学生与老师"共情"，做换位思考；第三个环节是"我和老师一起成长"，引导学生用完美的眼光接纳不完美的他人；第四个环节是"我为老师找优点"，让学生把这些优点写到精美的卡片上，跟随祝福语，一起送到每一个任课老师的手中……这难道不是行为习惯养成的教育？

在"扔掉那不好的'鸟笼子'"班会里，师生探讨了如何正确地认识自己；在解读《丑小鸭》时，学生明白了如何应对失败、挫折；思索"天底下的三件事"，学生知道了人的烦恼来自"没有做好自己的事，总想干涉别人的事，操心老天爷的事"；倾听故事《3乘以8等于23》，学生意识到，拥有宽广的胸怀，才是最健康、最幸福的人；"不是我的错"让学生明白如何去承担一个"社会人"的责任……

学生不适应中职学习方式时，这里有指导；学生早恋时，这里有参考；班级活动失败后，这里有反思；班级学生面临实习时，这里还有老师的肺腑之言……

这是一本写给中职一线班主任的书，全书从班主任迎接新生入学介绍自己的班会开始，一直到学生离校前实习的班会结束，篇篇都颇有针对性、时效性，书中不但阐述了我是"怎么想"的，还侧重介绍了遇到此类事情我们应该"怎么办"。形式是多样的,小径是蜿蜒的,目的却是明确的——引导班级舆论,解决班级管理中的难题,陪伴学生快乐成长。

我要感谢郑州市科技工业学校的穆书涛校长,他为我提供了非常广阔而自由的成长空间,允许我将自己设计的班会,除了在自己的班级践行,还在全校其他任何一个班级召开。这对我无疑是最大的信任、保护和支持。多年来,在我自己的班级,我利用的是班会课或自习课时间召开班会;如今,在别的班级,我用的却是德育课时间。正因为每一个班会都曾在很多班级召开,班会实录的内容便格外丰富精彩、鲜活生动,更具借鉴价值和实用价值。同时,我们学校的王军副校长及其他领导和同事曾一次次地到我的班会课堂中听课、评课,全国十佳班主任段惠民老师也曾为我提出宝贵的意见,在此深表感谢。

我还要感谢中国轻工业出版社"万千教育"的吴红编辑和湖南的郑学志老师,是他们信任我,向我约稿,让我从自己十几年来召开的班会里,挑选出一部分主题出版。如今书稿终于整理完毕,我满怀感恩、喜悦之情,却又忐忑不安。感恩喜悦的是:在众多师长的帮助下,将自己多年探索的育人经验提炼出来,不亦乐乎?忐忑不安的是:本书定有一些不足之处,还望读者诸君不吝赐教。

李 迪

2014 年 4 月 16 日

目　录

推荐序：心在哪里，精彩就在哪里 ·· I
前言：创意"曲径通幽"的班会课 ·· V

第一部分　中职主题班会的设计与组织技巧 ································· 1
  一、助人启示：两次班会让她转败为胜 ·· 3
  二、经验分享：魅力班会课使我由手忙脚乱变得从容智慧 ············· 5
  三、现实困惑：中职主题班会该从哪些地方突破 ·························· 8
  四、李迪支着：开好主题班会的七个建议 ···································· 10

第二部分　中职主题班会优秀案例精选 ······································· 19
第一学期　开启美好新生活 ··· 21
  一、入学第一课 ·· 21
    楚兰、南瓜和美人鱼 ··· 21
  二、班干部从哪里来 ··· 32
    煮一锅班级的"石头汤" ··· 32
  三、认识自己，悦纳自己 ··· 39
    扔掉那不好的"鸟笼子" ··· 39
  四、适应新生活 ·· 52
    掌握职业学校的学习方法 ·· 52

五、改变不良习惯 ·· 61
　　远离香烟，拥抱健康 ·· 61
六、班级活动成功后的总结班会 ···································· 70
　　而今迈步从头越 ·· 70

第二学期　修炼个人好品德 ··· 79

一、感恩教育 ·· 79
　　绿叶对根的情意 ·· 79
二、礼仪教育 ·· 87
　　做人见人爱的中职生 ·· 87
三、挫折教育 ··· 101
　　酸甜苦辣都是歌 ··· 101
四、安全教育 ··· 114
　　安全陪伴你我他 ··· 114
五、爱情教育 ··· 129
　　春的絮语 ··· 129
六、健康教育 ··· 140
　　呵护花儿一般的身体 ··· 140

第三学期　培养淑世好情怀 ··· 149

一、远离烦恼，快乐成长 ··· 149
　　天底下的三件事 ··· 149
二、培养豁达和宽容的心态 ··· 162
　　姑且让"3乘以8等于23" ······································ 162
三、培养责任感 ··· 171
　　不是我的错 ··· 171
四、社会公德教育 ··· 181
　　老人摔倒后，扶还是不扶？ ··································· 181
五、面对失败 ··· 189
　　山头斜照却相迎 ··· 189

第四学期　走向世界大舞台 ·· **197**

一、提醒幸福，感恩社会 ··· 197
　　我们的生活充满阳光 ·· 197

二、开阔视野，提高素质 ··· 208
　　读古诗，唱民歌，赏风光 ··· 208

三、弘扬民族文化 ·· 219
　　读宋词，品戏曲，赏服饰 ··· 219

四、实习面试中的引导 ·· 232
　　做一只重过程的"犟龟" ··· 232

五、离校前最后一课 ··· 244
　　化茧成蝶，放心去飞 ·· 244

第一部分
中职主题班会的设计与组织技巧

中职班主任工作林林总总、纷繁复杂，大致可以分为三大块——班风建设、班级日常管理、问题学生诊疗。不过，十几年的班主任工作经历告诉我，中职班主任只要做好了第一项工作——班风建设，后两项工作便能从容面对。而班风建设最有效的方法，则非组织班会课莫属。

因此，班会课是中职班主任的必修课、必上课。可是，我们在读师范时，很少有哪一堂专业的培训课告诉过我们，中职班会课该如何策划、如何组织。在迎接新生的第一天，我们应该说些什么？在学生离校前，我们又该做些什么？学生自卑怎么办？学生不适应中职课程设置怎么办？我们怎么指导学生认识、接纳失败和挫折？我们怎么陪伴学生正确面对早恋……

很多时候，班主任是凭借着自己零星的经验和片段的感觉在开主题班会。一旦遇到竞争性或者表演性的主题班会课时，不少教师就着急：到哪里找那么好的主题班会课呢？谁能教教我开主题班会的技巧？哪里有相对系统的资料？……

先期训练不足，加上我们确实太忙——能把班级常规管理做好，能让"问题学生"不闹出大乱子就不错了，哪里有时间、有精力去研究主题班会课呢？因此，不少教师在主题班会的设计与组织上，都有一种资源和能力的欠缺。

要是有一本书，能够简单、系统、高效地介绍主题班会设计与组织技巧，能够提供典型、生动、完整、优美的设计案例供我们参考，能够有详细、具体、真实的文字实录供我们借鉴，那该多好啊！

——告诉您，您在班级管理中遇到的困惑，也曾经是我的困惑；您的愿望，就是我多年上下而求索的结果。如今，我把自己十几年来策划、组织班会的经验进行了总结。翻开本书的"第一部分"，我相信，您所要的答案就在里面……

一、助人启示：两次班会让她转败为胜

这是我2006年亲身经历的一个故事。

她是一个年轻的班主任，和我一样教中等职业学校学前教育班。她一直在看互联网上我的班级日记，却从没有回帖留言。因此，我不认识她。但是，她对我很熟悉。那一天她忽然发短信向我求助了。

她说，我班女生出现的问题，她所带的班级也都出现过。有的问题她根本不知道该怎么解决。最近，为了一件小事情，几位同学在寝室里闹罢课，害得她很没面子……她很生气，感觉学生永远比老师大……

她最后问我："初荷（我的网名），我该怎么做呢？现在我所带的班就像是一锅粥，乱七八糟的。我该怎么办啊……"

中午，我们在QQ上聊起来。

原来，她性情温和，但对学生的屡教不改非常生气，进教室都摆着严肃的面孔。前天，几个挑头捣乱的学生在教室里用电饭锅做饭，被学生会干部发现，她们竟无所顾忌地说："班主任都拿我们没办法，校长都拿我们没办法，你一个学生会干部还能怎样？"学生会干部一生气，就把这事告诉了校长；校长一生气，就把她找来批评了一顿；她一生气，就找这几个女孩子发了一通火；这几个女孩子一生气，就躺在寝室里罢了她的课……

我们职业学校的生源可是个了不得的大问题。学生一罢课，就相当于念了班主任的紧箍咒。因此，她头疼得很。她说她现在不敢管，也管不了她们，只能静观其变。

我便在QQ上问："你是女教师吗？"

她说："是啊！我以前属于比较认真读书的那种，所以见了她们这样，真的是很难想象。"

我说："好！我先告诉你：学生不讲理、欺负你，你若能控制住自己的情绪，也可以发火；但当你感觉实在生气、委屈，已经控制不了自己的情绪时，

就不要再发火了。"

她很天真地问："不发火，那我能干什么？"

我说："你哭啊！"

她说："啊——我现在对她们失望得连一滴眼泪都出不来了呢！今天下午有班会，我都不想见她们。"

我说："下午的班会一定要开。那些捣乱分子愿意来，我们欢迎；她们不愿意来，要继续闹罢课，就不理她们。只要你把大多数学生集合到班里就行了，这些学生才是我们的'根据地'。只要有了自己的'根据地'，那少数的捣乱分子，乱不到哪里去。在班会上，你就说你是多么希望同学们能有一个美好的未来。说你这一段时间的苦恼。说你比她们也大不了多少，从小爸爸疼、妈妈爱的，何曾受过丁点儿委屈？但现在上受领导的气，下受学生的气。想一想，你根本就不是为了自己，完全是为了同学们好。同学们怎么就不理解呢？你还要说想到大家这个样子，什么都学不到，未来将多么不容易……"

她说："初荷，你别说了！我难受，我想哭……"

我说："好！你有泪水，就到学生面前去流。你一定能打动学生，人心都是肉长的。打动后不要对她们过分严厉，因为你要和那些捣乱'头目'争取好学生，争取你的'根据地'。有了'根据地'，你就主动了。等大多数学生和你一条心后，你再想办法帮助有坏习惯的学生。切记，下午这个班会的主要目的是交流，是获得多数学生的理解和支持，不是发脾气谴责她们。"

……

第二天是端午节，她来到 QQ 上给我留言，说自己已经依我的计划而行，组织了班会。不过，因为她实在是还有点生他们的气，所以在班会上就只流了一滴眼泪。她跟学生讲了心里的真实感受，有几个学生居然在那里笑，她说："我又生气死了。"但是晚自习后，有两个学生主动过来跟她谈心了，她们还提了一些建议——怎么管好那些"坏分子"。

一和我聊天，她就高兴起来："呵呵，我发现现在有头脑的学生还是有的，但是不多。跟她们谈话我感到很高兴，像是在跟朋友聊天……今天早上，有好多学生给我发了信息，祝我端午节快乐之类的。看来昨天的班会还是起到了一定的作用。哈哈，我好高兴哦！"

我祝贺她初战告捷，提醒她下午再开一个班会，这个班会时间不要太长，20分钟足矣。班会的主要内容是大张旗鼓地表扬那些发短信祝她端午节快乐的学生。这样做的意义有三：第一，让学生体会到关心老师的快乐；第二，培养学生的感恩之心；第三，让那些捣乱分子认识到，她们的势力并不是很强，这些同学都是老师的拥护者，可从气焰上打击她们……

仅仅两个班会，这个班主任就转败为胜。

二、经验分享：魅力班会课使我由手忙脚乱变得从容智慧

春节期间，和一个与我有20年交情的老朋友在一起喝茶交流，朋友感叹："这么多年过去了，你怎么还是那么天真、单纯！"接着他又迟疑着加了一句："天真、单纯在这里可不是褒义词啊！你毕竟都人到中年了。"

听此话，假装了小半辈子温柔娴静的我，忍不住露出狐狸尾巴仰头大笑："你有这样的感慨一点也不奇怪，很多人都感觉我很单纯，根本就不像一个班主任。很多学生第一次见我，还曾在私下里偷偷议论：'我们的班主任这么温柔单纯，将来肯定好欺负……'"

闻听此言，朋友很关心地问："后来呢？他们欺负你了吗？"

我说："没有。他们舍不得。他们不但没欺负我，还很关心我呢……"

我回忆起了自己2005年当新生班主任的情景……

其实，那时我已经有了多年的班主任工作经验，所带的每个班级也都很优秀。但是我们必须承认，如果没有科学的教育理念和带班艺术，就算你带过两个、三个优秀的班集体，也未必能把所有班级都带好。那只是碰巧你的性格适合那个班的学生罢了。2005年我所带的班级就给我带来了很大的挑战。从新生入校第一天，老师们就发现这个班的多数学生个性张扬、刁蛮任性、古怪精灵、桀骜不驯。入学仅仅一个月，学生的故事就层出不穷：喝酒、丢

钱、打架、恋爱、失恋、旷课、出走、发癔症……一个个突发事件如同滚开的水，此起彼伏，摁下葫芦浮起瓢。而我，性格里虽然也有活泼的成分，却自幼信奉老子的"静为躁根"，身上天生有一种淡泊、宁静的气质。很多人看了我写的班级日记，评价说，李迪进了这个班，就好像是"林黛玉进了花果山"，并给我建议："你必须有半个孙悟空的能耐，才能把这个班级带好。"

我怎么才能有半个孙悟空的能耐呢？

我只有开班会，组织班级活动。没想到，这还真是一个颇有效的做法——召开班会，让我由手忙脚乱转变得悠闲睿智。

比如，2008年之前，我们学校还是六天工作制，每周日休息一天，目的也是不让外地学生每周都回家。班里的学生小静下周二过生日，她这个周六下午就想请假回老家。我担心她周日下午赶不回来上晚自习，以后同学们都会向她学习，因此想都没想就拒绝了。小静便生气了，私下里说要开我的"批斗会"（有开玩笑的成分）。

于是，我们在班会上讨论此事。

琳琳说："老师您为什么不批小静的假？"

我也说："是啊，我为什么不批小静的假？她不会耽误上课的啊！"

学生呈迷茫状，我也继续装糊涂，问："谁来说一下，我为什么不批她的假？"

有人小声回答："怕我们以后有事没事都找您请假吧！"

我说："还有呢？"

没人说话。

我说："还有，我怕她不能按时回来。上周日就有人回家后，没有按时返校，我害怕了。"

别的同学纷纷说："不会的，老师，我们相信小静不会旷课的。"

我说："哦！相信小静能按时返校的同学举手。"

全班学生都高高举起了手，我对小静说："你现在回头看看有多少人相信你、支持你。"

小静笑说:"老师、同学们都放心吧!我这一次一定会按时回来的。"

我转向学生:"现在,同意小静回家的举手。"

全班学生又一次高高举起了手。

我对小静说:"你再看看,有多少人支持你请假,希望你不要辜负了同学们对你的信任……"

那个周日,小静果然按时返校。

想一想,若没有学生在班会上两次举手表决,小静未必能按时赶回来,而别的学生以后过生日,肯定也会和她攀比。到那时,我再要求大家都不要请假,只怕就没有人乐意了。而我当初不批准小静的假,本来就是担心她周日不能按时回来,耽误上课,现在这一问题解决了,我又何必非要死心眼子,让她留在学校呢?而别的学生要在周六请假时就要先考虑一下全班同学同意不同意。我很明白,这次班会全班学生之所以举手支持小静回家,无非是要挑战我这个班主任的"权威"罢了,小静只是挑战"权威"的受益者。学生不可能一而再,再而三地挑战我的——李迪老师何等民主,根本没有"权威"可以挑战嘛!

如今,我担任职业学校班主任的时间长了,性格各异的学生见识得自然就多。久而久之,我竟生出几分感慨:校规校纪里的记过、处分、劝退、开除等条文,对一般学生有效,而部分桀骜不驯、逆反偏激、久经"沙场"的"辣"孩子,他们早就对那些条文熟视无睹、无所畏惧(这席话大家略一思索便可达成共识:校规校纪里的条文若有效果,学生的毛病就不会保留到职中阶段,并有变本加厉的趋势),教育效果自然微乎其微。为何不换一种方式——师生在班会里一起商量、讨论、思索、总结?这时,教师和学生是平等的,我们的目的是一致的——建设优秀的班集体。教师固然要关心学生,学生也应该体谅教师。

如果全班学生都有了这样的认识,我相信一个班级就算有矛盾、有争吵、有惩罚、有伤感,也是以师生间、生生间浓浓的爱为底色的。

因此,当我喜欢上了开班会,就等于是让全班学生都参与到了班级管理中,我手忙脚乱的日子就结束了。我保持着自己的天真、浪漫和单纯,记录了与学生在一起的点点滴滴。学生第三年实习时,我所写的班级日记《我班有女初长成》就公开出版了。连我自己都想不到,我会变得如此悠闲睿智。

三、现实困惑:中职主题班会该从哪些地方突破

因为近几年常有到全国各地开讲座的机会,我有幸结识了职业学校的很多校长、德育主任和班主任,他们无一不认为主题班会很重要,却鲜有老师去潜心研究。大家一致认为,当前中等职业学校的班主任组织班会,主要有以下几个误区。

1. 确定主题过于被动

中职班主任也知道主题班会很重要,但不知道怎样确定主题,不知从何处下手去策划、组织。如果学校德育处工作做得到位,会在每周一升旗时宣布本周班会的主题,比如:"本月是学雷锋活动月,请各班班主任在本周班会上以'学雷锋、树新风'为主题召开班会。"于是,各班主任仿照往年的先例开班会。全校三五十个班级同时召开主题相同的班会也不是不好,但肯定缺乏针对性。这也不能怪领导,因为很多教师根本就不知道如何为自己的班会确定主题。这是"计划经济"遗留下来的弊端——一切行动听指挥。领导不指挥,我就不知道该怎么行动。偏偏生活是丰富多彩、充满挑战的,明明班级问题一大堆,自己却不知道该怎么为问题分类,怎么思索对策、组织班会,只是被动地等领导确定主题,实在不妥——领导哪里知道你的班级有哪些亟待解决的问题?

2. 工作上随意性强

有的班主任在开学初制订的计划,可能仅仅流于一种形式,只用于应付上级检查。作为班主任,我应该把学生带到什么地方,我想把学生带到什么

地方，我能把学生带到什么地方……很多教师并没有明确的目标。他们是在临时接到学校通知"近期要检查班主任组织班会的情况"后才匆忙准备的，效果可想而知。

3．形式上呆板枯燥

有些主题班会主题挺好，但切入点找不好，趣味性不够，往往单调呆板、千篇一律，或者一味地灌输、说教，容易让学生厌烦。

4．角色上分不清主次

有的主题班会上教师搞"一言堂"，没有充分发挥学生的积极主动性，学生会比较被动，你说你的，我玩我的。这样的班会注定要失败。其实"一言堂"也未必就不好，如果教师在用生动的语言解答学生迫切想解决的困惑，"一言堂"就是种不错的班会方式。但关键是很多时候，我们给学生讲解的问题并不是学生想了解的。另一种班会与"一言堂"相反，即班会全部交给学生去组织、主持、讨论，教师不做任何引导，这也大为不妥。班会开着开着，方向就会跑偏，非常遗憾！

5．目标上作秀成分较重

曾有老师问："李老师，你组织召开一次班会，需要排练准备多久？"其实，我的多数班会根本就不存在排练的问题。遗憾的是，我知道很多班会为了展演、为了参加比赛获得好名次，一遍遍地排练，师生对答如流，课堂组织得完美无缺，却总如美丽的塑料花一样，没有暗香浮动，缺少班会的灵性和真实性，甚至会引起学生的反感。

如果经常做表演性的主题班会，不仅不能起到学生自我教育的作用，反而会养成他们敷衍了事的坏习惯。

四、李迪支着：开好主题班会的七个建议

1. 让班会的切入点符合"新""近""小"的原则

单就班会主题来讲，适合"求新""求近""求小"。但是有的主题很有价值，却很大，怎么办呢？

我们可以为大的主题找一个"新""近""小"的切入点。其主要形式有：

（1）小中见大，从学生的实际情况中选择主题。

比如，在本书第二部分有一个"认识自己，悦纳自己——扔掉那不好的'鸟笼子'"的主题班会。所有看见这个班会题目的人都会感觉：哦！让中职生正确认识自己确实是太有必要了，但是一个人想要认识自己何其难！这个主题是不是太大了呢？内容会不会空洞呢？

这个班会的背景是：新生入学，我看着学生写的自我介绍，颇为震惊，比如有的学生直接说自己"静若瘫痪，动若疯子"，有好几个学生说自己很"二"，甚至有人说自己将来"应该不会太出色吧！因为自己做事本来就很'二'"……

我以这样的自我介绍为切入点去展开，完全符合"新""近""小"的标准，班会召开得相当成功。

（2）大中见小，从社会大背景中提炼主题。

比如，地震了，就召开关于"一方有难，八方支援"的班会，社会出现中学生搀扶摔倒老人被讹诈的事件，就召开讨论"老人摔倒后，扶还是不扶？"的班会，学生都会非常喜欢。

（3）常规中创新，从传统教育中拓展主题。

比如，"班干部从哪里来——煮一锅班级的'石头汤'"这一班会，其实就是新生入校后第一个常规班会，却因为一个故事而赋予了这个班会更丰富的色彩。

2. 班会目标必须具体明确，有方向性、目的性

我曾经听浙江的蒋玉燕老师说过一堂省级青春期教育研讨会上的公开课，大致情形是这样的：

由小品引出话题：某高中一男生和一女生相遇，彼此有了接近（正常交往），这事双方父母都知道了，于是出来干涉。小品演到这里，主持人问："假如你遇到这种情况，怎么办？"学生纷纷发表自己的见解。小品又向前推进，男生约女生看电影，主持人问："如果是你，如何面对约会？"大家又争先恐后地发言。小品像连续剧一样不断往前推进，讨论一场接一场，最后大家的意见自然是不统一的。但是，蒋老师说，她听出来了，多数学生的观点是：要将爱情进行到底。

听完课后，许多人在叫好，说"充分发挥了学生的主体作用嘛"，自始至终教师都没有出场。承办单位自我感觉不错。蒋老师却声言自己不敢苟同，因为，这节班会课的教育目标是模糊的，或者目标和效果是不统一的。从设计的小品看，这个活动似乎是想让学生知道处理男女生交往问题的方法，可是从最后的效果看，给学生的却是价值观教育（也就是说，中学生是可以谈恋爱的）。这是由于估计不足而导致了活动目标偏离。

在班会课中，我们经常能见到"活动目标过大，活动目标模糊"的情况，由于目标不够明确，或者只是走形式，根本就不知道活动目标是什么，在设计活动或举例时，就比较难把握方向，甚至会迷失方向，教育效果也就可想而知。

2013年5月，我曾有幸听过一节主题班会课。那是初三学生毕业前最后一节班会课。班会第一个环节，小标题是"为自己的行为负责"。主持人邀请五六个学生上台，每人发一枚生鸡蛋，主持人要求他们把生鸡蛋用纸包裹结实，让台下的同学分组选择哪一个人包的鸡蛋不容易被打烂。然后主持人把鸡蛋一个个摔在地上，结果当然是有的烂了，有的没烂。班会的第一个环节就结束了，既没有总结，也没有点评。接着是第二个环节：辩论初三学生上

网的利和弊。这是个很有价值的讨论，学生们辩论得非常激烈。但是直到辩论最后，还是有大部分学生认为初三时期沉迷于网络也没关系。教师和主持人这时候对此都不做评判，继续第三个环节。

在班会的第三个环节里，主持人很煽情地说："初中三年的朝夕相处，我知道很多同学都有内心深处心仪的异性同学。趁着这最后一次班会，就请你们大胆地向对方表达吧！"

学生们当然不敢表达——毕竟有来自全国各地的老师在看着呢！毕竟班主任也在后面坐着呢！主持人一时有点尴尬，继续撺掇："这可是最难得的机会啊！"但是还是没有人吭声。主持人开始直接点名了："某某，我知道你内心有喜欢的人，快说啊！"

被点名的某某涨红了脸，扭捏半天，低声分辩："别让我说了。我现在已经不喜欢她了。"

……

班会结束后，学校领导请我做点评，并悄悄示意：一定要多说好话。很多老师也觉得不错，尤其看到主持人让同学们表白的环节，大家都笑出了声。我问班主任："这个班会是你设计的，还是学生自己设计的？"

班主任很自豪地回答："完全是学生自己设计的，我今天也是第一次看到这个班会。"

班主任的话我百分之百相信。这个班的学生整体素质很高，语言表达能力尤其强。但这个班会的目标明确吗？它要把孩子们带向什么地方？班主任的引导又体现在哪里？

那是最让我为难的一次班会点评，我除了大力表扬孩子们的素质，也只敢侧面引导别的老师去发现这个班会最大的缺陷——主题不鲜明，目标不明确，老师引导不够。

3．班级活动要考虑学生的实际，就是要把握时代性、计划性和针对性

学生的实际是什么？学生的实际包括：学生年龄阶段的心理特点及当前的心理状态、思想观念及思想动态、行为表现等。

比如，我曾经召开过一个爱情教育的主题班会"一棵开花的树"，是根据席慕蓉那首诗《一棵开花的树》改编的。班会前我就带学生深情地朗读。

> 如何让你遇见我
> 在我最美丽的时刻　为这
> 我已在佛前　求了五百年
> 求佛让我们结一段尘缘
>
> 佛于是把我化作一棵树
> 长在你必经的路旁
> 阳光下慎重地开满了花
> 朵朵都是我前世的盼望
>
> 当你走近　请你细听
> 那颤抖的叶是我等待的热情
> 而当你终于无视地走过
> 在你身后落了一地的
> 朋友啊——那不是花瓣
> 那是我凋零的心

读完我问学生："美不美？"

学生回答："美。"

再问："值不值？"

学生不吭声。良久才有人含糊地说："不太值。"

我斩钉截铁地重复:"真的不值。这就是一个单相思的故事嘛!这就是一个追星的故事嘛!那个女孩对一个男的一见钟情,为了见这个男的一面,家也不要了,命也不要了……但是,人家男的知道不知道你是谁啊?如果人家喜欢苹果,而你只是一个橘子,你为什么非要让人家喜欢你呢?"【见我的著作《我和学生谈爱情——将爱情教育进行到底》(中国轻工业出版社2010年出版)】

为什么我会给学生召开这样一个班会?因为我们班有个女孩追星,追周杰伦,听说周杰伦来郑州了,课也不上了,"一二·九"合唱比赛也不参加了,没有请假就跑去见周杰伦了。但周杰伦哪里是那么容易就能见到的,她跑了一下午回来了,手机丢了,钱包也被偷了。她往床上一躺,不吃饭了,要绝食。我当时就想问:"人家周杰伦知道你是谁吗?你就这样为了他绝食,命都不要了?!"

就是在这样的情境下,我设计了班会"一棵开花的树",学生很喜欢,因为比较有时代性和针对性。

4. 班会标题的拟定要简练、醒目、易记,并充满学生的生活气息

比如,在班会"化茧成蝶,放心去飞"中,几个小标题"舞之情""美之韵""琴之瑟""语之魅"等,无一不是既能表明主题,又富于诗意,学生非常喜欢。

5. 班会形式的选择,既要符合学生的专业特点,又要符合教师的特长

我所教的是学前教育专业,因此我在班会里增加一些歌舞就非常自然,节目排练起来也很容易。倘若有的班级是服装专业或电子电器专业,则最好和自己的专业结合起来,这样比较容易操作。

同时,每个班主任的特长都不一样,班会的形式最好符合自己的特长。我的很多班会都是由一首诗词或一个小故事导出的,这是因为,就我个人而言,我比较喜欢即兴演讲,同时又喜欢诗词,这样做可以很好地发挥自己的

优势。

6．注意对每一次班级活动都做评估与拓展

每一次班级活动结束，都要对这次活动的计划、过程、结果做评估，看看是否有新的问题出现。倘若有，就要进行拓展。

班会的拓展包括系列性班会和衍生性班会。

比如，我的另一本班会作品《我和学生谈爱情——将爱情教育进行到底》就是系列班会，里面有20多个班会，全部是以爱情教育为主题。而"天底下的三件事"这一班会召开后，班级里出现了新问题，于是针对这个问题，我设计了班会"姑且让'3乘以8等于23'"。在成功召开了这两个班会后，又出现了一些更新的亟待解决的问题，于是我又设计了班会"不是我的错"。这样环环相扣设计的班会，就是衍生性班会。

一般情况下，这种衍生性班会是最有价值的。

7．换个说法，让班会顺利进行下去

春节期间，我看到朋友的一篇博文——《我为什么有绝望的感觉？》。

这是一个颇有见地的教师所写的文章。他也是中职班主任。实事求是地说，他在很多地方都比我优秀。

我们职业学校的学生听课的习惯是不太理想的。在课堂上，常常有人发呆、睡觉、偷偷玩手机、看小说……这很正常。但这个朋友对此现象非常生气。

他说，那天，他和学生在课堂上一起讨论"我们为什么爱说脏话"。朋友在课前做了充分的准备，有视频，有故事，有文字……内容颇生动。但上课不久，就有两个女生看着手机频频笑出了声，惹得大家都朝她们看。教师让她们出去，她们就趴在桌上了。再后来，后面也有几个女生自顾自地讲话，教师让她们出去，她们也趴在桌上了。朋友于是感叹：现在，太多的学生有"三不政策"——不反对、不接受、不担当。教师提规矩和要求，很多学生既不表示反对，也不真心接受；犯规了，不多说话，就趴在桌上，你说什么就

当没听见。如果强制要求学生出去，就会有学生气冲冲地往外走，一副恨你一辈子的样子。也可能碰上死活不动弹的，如果教师动手，那可能就摊上大事了……

博文后面分析了很多，比如他说"在职业学校，老师面对学生就是'秀才遇到兵'"；比如，他认为这"不是由于学生天生的基因有问题，归根结底，无赖文化造成无赖行为，他们这样在很大程度上是因为习得性无助"。文章也拿中国的学生和国外的学生做了比较，在此暂不赘述。

对于朋友的悲凉、挫败、生气、伤心，我感同身受。试想一下，我们花费了大量时间和精力去组织、策划班会，最后却被几个嘻嘻哈哈的学生搅黄了，这就好像一个贤惠、慈祥的母亲，花了一周的时间准备食材，又花了一天时间烹制出一桌色香味俱佳的菜肴，却被没心没肺的孩子推翻在地，他们甚至尝也不尝……这怎不让人遗憾、难过？但我在遗憾、难过的同时，心头又涌起无限表白的冲动，甚至到了不写不行的地步。我迫切想表达的主题是：我与学生在一起的生活有欢欣、有苦涩，有纯真、有虚伪，有汗水、有泪水，有自信、有违心，有骄傲，有尴尬，也有心碎……唯独没有绝望。

我为什么没有绝望的感觉？

首先，在我的班会上，如果有哪个学生看视频笑出了声，我不会生气——生气催人老，我会很好奇地走到她身边问："哎！你们看什么呢？这么投入！让我和其他同学也看看好吗？"倘若视频内容和班会相关，那就把手机和白板连接起来，让大家一起欣赏，并讨论她们的视频；倘若视频和课堂无关，她们肯定会很不好意思地收起来。那时，又何必非让她们出去？

倘若有人自顾自地讲话，我也会说："说什么呢？让咱们班同学都听听好吗？"这样最少保住了师生双方的面子，也阻止了他们说话。

中职课堂上难免会有种种小插曲，老师万万不可让这些小插曲影响自己的情绪，因为还有更多的学生在听我们的班会课呢！若因为个别学生的捣乱而呈现一副凶相，我们失去的将是所有的学生。而我们所面对的，就是这些听课习惯不好的学生，我们只能面对现实。甚至有的学生前10分钟在认真听,在积极回答问题,后10分钟就睡觉去了。你怎么办?绝望吗?

我不会绝望,因为该学生还认真听我讲了10分钟呢!因为还有其他人在听我讲课呢!我不会放弃,我不会抛弃,我下次还要认真策划、组织班会。

当学生在班会上开小差时,换个说法,把他们的思绪拉回到课堂上即可。何必过于生气?

第二部分
中职主题班会优秀案例精选

我常常接到远方的、身边的、年长的、年轻的老师们情真意切又火急火燎的短信:"李老师,您那里有新生入学第一天的主题班会稿吗?""李老师,您那个'控烟班会'给我借鉴一下啊""李老师,我们班学生谈恋爱的势头很猛,您把关于早恋的班会给我用一下""李老师,我们班的学生竞赛失败了,郁闷得不得了,我怎么开班会引导她们啊"……用词极其恳切,这也说明好的主题班会案例是"一文难求"啊!

确实,一个好的主题班会案例,不但能让班级管理中的很多问题迎刃而解,还能带给我们一种美好的文字阅读的快感。对一线班主任来说,我们不但需要专家们说起来有道理的东西,更需要在现实工作中能够用得上的案例——很多时候,有用比有道理更有说服力!

为此,我检点了自己从教十几年来的班级活动,翻阅了400多万字的班级日记,精选了自己在实际工作中取得良好效果的主题班会案例及文字实录。这些班会,我不但在自己的班级召开，还应学校的要求到外班召开。我还曾作为省"名师"代表送课到周边的很多学校，为他们师范怎样开主题班会。我在为全国各地的班主任做培训的时候，也常常以这些班会为例进行讲解、剖析，颇受听众欢迎。

相信这些文字能引起你的共鸣，能启迪你的智慧，能点燃你火热的激情、唤醒你不朽的梦想，让你的主题班会开得更加红火热烈，更加精彩纷呈！

第一学期
开启美好新生活

携几缕忐忑，带几分期望，牵一片中招考试失利的阴云，学生来到了中职学校就读。

中职第一学期主题班会的重点在哪里？

适应职校新生活，点燃学生前进的信念，扬起他们理想的风帆，增强班级凝聚力，形成统一的班级核心价值观念……应该是中职第一学期班主任的工作重点。

为此，我选了"入学第一课——楚兰、南瓜和美人鱼""班干部从哪里来——煮一锅班级的'石头汤'""认识自己，悦纳自己——扔掉那不好的'鸟笼子'"等一系列非常实用的主题班会案例，分别按照开学日常工作、开学班级常规建设、提升学生自信心、培养学生良好的习惯等内容，向大家立体地展示创建优秀班级的全过程。实际工作中存在的很多问题，将会因为一次次有效的主题班会而迎刃而解……

一、入学第一课

楚兰、南瓜和美人鱼

【推荐理由】

1. 职校新生入校，班主任如何向学生介绍自己？很多班主任不知从何谈起。本节班会，班主任以楚兰自喻，在自我介绍的同时，巧妙地激起了学生向上、向善的心，有很大的借鉴价值。

2．新生入学第一件事是军训。班主任如何对学生做军训动员？如何应对学生在军训中产生的畏难情绪？本节班会用诗歌《南瓜》和故事《美人鱼》，借物喻人，将军训这一活动，由外在的要求、束缚，转化为内在的需求，值得仿效。

3．一个幸福的班主任，爱心自然轻盈芬芳，情思必定风流潇洒。推荐这个班会，也是与老师们分享一个班主任有滋有味的教育生活片段。

【适用年级】 中职一年级

【班会背景】

职业学校的学生，多为中招考试的失利者。面对文化课成绩，许多学生的内心是不服气的，却又是不能不服气的；他们想重新树立志向，却又不知道如何树立，内心因此充满了挫败感。面对新的环境，他们在猜测——这个学校的老师怎么看待以往成绩不佳的自己？班主任又持什么样的教学理念？职校生活会是什么样子的？为什么新生一入学就要军训……

作为职业学校一年级新生的班主任，我特别希望自己能给学生留下深刻的第一印象，并尽力做个好的榜样，因此以楚兰自喻——不以无人而不芳；同时送给学生一首诗歌《南瓜》，希望他们能潜心结一个果子出来；并重新解读《美人鱼》的故事，让他们做好军训受苦受累的心理准备。

【班会目的】

1．通过自我介绍，让学生明白，生活中即使没有人喝彩，也要开花给自己看，做到自强不息。

2．通过赠送诗歌《南瓜》，提高学生的自信心。

3．通过解读《美人鱼》的故事，培养学生坚强的意志，为军训做动员。

【重点难点】

与普通高中学生相比，中职生在听讲方面往往没有良好的习惯。本次班会班主任需在演讲、朗读、讲故事方面下功夫。班主任在演讲中要有感染性，朗读时情真意切，讲故事时言简意赅，解读故事时充满新意和理性，尽最大努力吸引学生倾听。

【课前准备】

1．调查学生的身体、学习、行为习惯等情况。

2．制作班主任名片，名片上写班主任的年龄、籍贯、毕业学校、兴趣爱好、人生信念、联系方式等，发给学生，每人一张。

3．打印一份《美人鱼》的故事。

【设计思路】

1．细看名片，由班主任自我介绍导入，畅谈楚兰甘受寂寞、尽心绽放的品质。

2．让学生朗读诗歌《南瓜》，体会南瓜的自尊、自信、自强不息。

3．解读《美人鱼》的故事，师生探讨困境中坚强的必要，以及付出后的收获。

【班会实录】

第一乐章：楚兰的自爱

老师："同学们，在大家入学报到的时候，我们就见过面了。现在，请同学们拿出我发给你们的名片，齐声念一下，我叫什么名字？"

学生小声："李迪。"

老师："再大点声，你们应该叫我什么？"

学生："李迪老师——"

老师："哎——李迪向同学们报到！（鞠躬，再次抬起头，已经满脸真诚，情深意切）从今天开始，我们就成了一家人。家是什么？家就是一间房子，再加上一群相亲相爱的人。我希望我们的班级就像家一样温馨。请同学们记住，从现在开始，你们在郑州又多了一个亲人——李迪老师。我们将朝夕相伴两年。在两年时间里，李老师不能许诺你们一定有一个辉煌的前程，但是我会常伴你们左右，在每一个泥泞的黄昏。"

学生鼓掌。

老师："现在，大家再来看，名片上写着的李老师的年龄是多少？"

学生笑:"永远的25岁。"

老师:"对!老师的实际年龄很大了,但是在你们面前,我希望自己永远25岁,恰好做一个和你们没有代沟的大姐姐。现在再来看名片,李老师此生的长远目标是什么?"

学生看着卡片笑,纷纷议论:"李老师希望自己80岁的时候,还拥有18岁少女的情怀,并成为最优雅、最美丽、最可爱的老太太。"

老师:"笑什么?不可以吗?这样的老太太你们不喜欢吗?"

学生:"喜欢……"

老师:"喜欢就好!现在再往下看,我的兴趣是什么?"

学生:"看书、唱歌、写作、练瑜伽。"

老师:"我不能希望同学们以后都跟我有一样的爱好,但我非常希望同学们和我一样,做一个爱读书的人。因为,爱读书的男人有魅力,爱读书的女人有味道。"

学生点头。

老师:"最后,请同学们看看我的人生信念是什么。"

学生齐声:"楚兰生于深林,不以无人而不芳;君子修道立德,不以贫穷而变节。"

老师:"谁来讲一讲这句话的意思是什么?"

学生1:"兰花生长在大森林里,不会因为没有人欣赏就不芬芳美丽;君子要修身养性,不会因为贫穷就做不该做的事。"

老师带头鼓掌:"谢谢!谢谢这位同学的解答。这是我的人生信念。这么多年来,我一直坚守在讲台上,哪怕外界没有一个人知道这里有一个李迪热爱教育、热爱学生、班级故事精彩纷呈,我也要努力。因为努力工作、刻苦学习,是我自己内心的需求。有时,我感觉自己就是生长在大森林里的一朵兰花,就算永远没有人发现我,永远没有人欣赏我,永远没有人为我喝彩,我依然会吐露芬芳,依然要开花给自己看。因为,我美丽,不是为了别人,而是为了我自己。"

学生愣愣的，显然没有听明白。

老师："同学们，你们认为我努力工作、刻苦学习为的是谁？"

学生异口同声："为了我们的未来——"

老师："错！我为的是我自己。因为我是一个老师啊！如果我不好好备课，我不认真当班主任，我肯定一进教室就头疼，就烦恼。我的课如果不受学生欢迎，第一个难受的就是我。而我的工作又决定了我必须进教室上课，到那时，我该多么痛苦！因此，我好好工作为的是谁？"

学生："为了你自己。"

老师："你们也一样。将来有一天你们走上工作岗位，也要明白好好工作不是为了别人，而是为了自己。现在在学校，你可能和李迪老师一样，没有人为你喝彩，没有人为你鼓掌，但是，你依然要洁身自好、积极努力，你依然要开花给自己看、美丽给自己看。让我们做一株楚兰，能生长在花园里自然不错，但是，就算生长在悄无人迹的大森林里，也应'不以无人而不芳'，好吗？"

学生："好！"

第二乐章：南瓜的自强

老师："现在，请同学们把手中的名片翻过来，看看上面写着什么。"

学生齐声："有一首诗，《南瓜》。"

老师："在万千人群中，你我能成为师生，可谓缘分不浅。今天我们初次见面，老师要送给你们一首诗——《南瓜》。请同学们一起朗诵一下。"

南　瓜

[德] 舒比格　（廖云海　译）

洋葱、胡萝卜和西红柿

不相信世界上有南瓜这种东西

他们认为那是一种空想

南瓜不说话

默默地成长着

老师:"哪位同学来发表一下读过这首诗的感想?"

教室里一片寂静,老师接连挑选了两个学生,她们都只是把这首诗重复了一遍,显然没有领会其中的意思。

老师耐心地等待着。

片刻之后,一个大眼睛的女孩举手:"在多数蔬菜都不相信南瓜的时候,南瓜却继续生长,它很坚强。"

另一个女孩站起来:"无论别人怎么不相信我们,我们都应该相信自己。"

老师惊喜地看着她们:"你们叫什么名字?"

学生:"朱灵敏。""马淑新。"

老师:"谢谢你们。让我们鼓掌为她们喝彩。"

热烈的掌声落下去,看别的学生再也无话,老师继续分析:"同学们多是中招考试的失利者,如今来到这所学校,可能你那些上了高中的同学、朋友,甚至老师、亲戚,都会认为你以后前途暗淡。就像诗歌中的洋葱、胡萝卜和西红柿,他们不相信我们将来能成才,他们不相信我们是南瓜,他们甚至不认为这个世界上有南瓜。如今,我们分辩是没有用的,不服气也是没有用的,只有用成长、用果实来证明自己,结一个果出来,让世人知道,我们不仅是蔬菜,而且有营养、美味。同学们有信心吗?"

学生齐声:"有!"

老师:"今天,我也想谈谈我自己的成长。我一直认为自己是个正在生长的南瓜。我本出生在偏远的山区,曾经因病休学,在初中得过全班倒数第三,当时所有同学都看不起我,不愿意和我玩耍。但是,我坚信自己是一个南瓜。没有人和我玩耍,我就每天写日记诉说自己的心声,文笔因此练就,成绩也迅速提高。后来,这个班里只有我一个女生考上了大学。但是,大学毕业,别的同学都分配到了大学里当教师,只有我分到了中学,我的内心自然很失落。在失落中,我继续与书籍为伴,养成了阅读的习惯,奠定了一定的文化底蕴。2005年,我又开始写日记。我不知道自己为什么要这样做,我只是感觉自己的生活应该充实一些,应该留下一些青春的痕迹。

"2005年11月的一个傍晚,我在回家时看见学校门口一丛树上,似乎挂着一盏红灯笼,走近了才知道那不是灯笼,而是盛开的月季。我不禁莫名地感动,忽然要流出眼泪来。这里生长的是一棵榆树和几棵冬青,我从来不知道在榆树和冬青的后边居然有一株月季,别人肯定也不知道。是啊!在月季没有开花的时候,谁会去留意它的身份?世间的一切事物原是如此:如果你要证明自己的属性和价值,就必须要拿出行动、开出鲜花或者长出果实来。盛开的鲜花有很多,但开在秋天的不多;秋天也并不是没有鲜花开,但开得这么热烈、这么娇艳的很少。何况,为了证明自己存在的价值,它那么专心致志地生长着,甚至超出了冬青和榆树的高度,就那么颤巍巍地飘摇在萧瑟的秋风中。我不禁想问:在绿树丛中,究竟有几个人会去留意它的存在呢?尽管它在热情地、拼命地向前探着身子,向路人点着头、招着手,可是究竟有多少人能欣赏它的绰约风姿?不过,就算没有人留意到它的明媚和鲜艳,它也在努力地为自己开花!这也许就是我如此感动的原因吧!我们应该向它学习,在我们没有做出成绩前,谁会真正认识到我们不是冬青和榆树,而是一株能开花的月季?在我们没有结出南瓜前,谁又会知道我们不是野草而是营养价值极高的南瓜?

"李镇西老师在第一次和学生见面的时候,曾送给学生一句话:'我们和他们不一样。'如今,我也把这句话送给你们,因为老师知道你们是能开花的月季,因为老师相信你们是能结果的南瓜,你们也要相信自己,相信'我们和他们不一样'。当他们在上网、聊天、玩游戏的时候,我们不能;当他们打架、斗殴、谈恋爱的时候,我们不能;当他们迟到、旷课、睡大觉的时候,我们不能。因为,我们和他们不一样。不要说自己成绩不好、基础差,人一生若能活90岁,你们才15岁,你们有的是时间去努力、去奋斗。在努力和奋斗的过程中,也许会遇到失败、挫折,甚至嘲笑,你们无须多言,默默地生长吧!只要相信自己是月季、是南瓜就行……"

学生目光炯炯地看着老师,纷纷点头。

他们显然已经被打动了。

第三乐章：美人鱼的追求和疼痛

老师："了解了班主任的小档案，接受了我送给你们的《南瓜》诗，同学们说，李老师是一个什么样的人？"

学生1："李老师乐观、开朗。"

学生2："很真诚，很有文采。"

学生3："您很善感，可能也很多情吧！善感总是和多情联系在一起的。"

学生4："您很会演讲。"

……

老师："谢谢同学们！你们的眼光很敏锐，已经发现李老师是一个非常敏感而又喜欢讲故事、听故事的人。今天，我特别希望同学们能给我讲一个故事——《美人鱼》，谁来讲一下？"

有学生举手，但讲解得不太清楚。老师将打印着故事《美人鱼》的一张纸拿出来，让学生读。

海龙王有六个女儿，她们没有修长的双腿，依靠鱼尾巴在大海里游动。最漂亮的小女儿美人鱼很向往陆地、人间的生活，希望像人类一样拥有不灭的灵魂。一个偶然的机会，她救了一个王子，并深深地爱上了他。

为了成为人类中的一员，美人鱼去找巫婆求助。巫婆让她喝下了一种饮料，尾巴裂成两半，变成了两条漂亮的腿。此后美人鱼每走一步，都会像踩在尖刀上一样疼痛。最残酷的是，倘若她不能赢得王子的爱，在王子与别人结婚的第一个早晨，美人鱼就将变成海上的泡沫。

美人鱼忍受了这一切痛苦，作为索取的代价，她又交出了悦耳的歌喉，听任巫婆割下了自己的舌头，从此变成了哑巴。

拥有了双腿的美人鱼遇到了王子，王子很喜欢她，但从来没有想过要娶这个哑女为妻。

王子在父母的安排下娶了邻国的公主。美人鱼知道，婚礼那天就是她留在人世的最后一天，第二天天一亮，她就将变成大海的泡沫。这时，她的几个姐姐给了她一把刀。她们告诉美人鱼,她只要在日出之前将这把刀刺进王子的心脏,他的热血就会流到她的身上,使她重新变成一条人鱼,回到大海中。但美人鱼不忍心将王子杀死。在太阳就要出来时,她将刀子扔进了大海,随后自己也跳入海中,融化成大海的泡沫。

美人鱼这一善良的行为最终得到了神灵的肯定,感动了上苍,她最终还是获得了不灭的灵魂……

故事讲完了,老师问:"哪位同学来谈谈听完这个故事的感想?"
学生5:"美人鱼对爱情很忠贞。"
学生6:"美人鱼受了那么大的罪,我挺佩服她的。"
老师:"我们现在不妨这样思索:在这个童话中,海底世界实际上是人类社会中低阶层的社会,海龙王的女儿其实是社会低阶层家庭中的一个女孩,她渴望升上海面走进人间,表现出的是出身低阶层的女孩,对更高阶层生活的羡慕与向往。如同我们班的孩子——包括我这样的女人,出身农村,渴望成为一个高素质、高品位的女人(或者卓越的、风度翩翩的男人)。但是,为了成为一个优雅的女人,为了过上高阶层的生活,美人鱼首先要做的,就是献出自己的舌头;我们出身农村的孩子,要拥有一份幼儿园的工作,成为合格的幼儿园教师,首先要做的,就是学会说普通话,同时抛弃那些骂人、粗鲁的毛病,让自己温文尔雅、谈吐不俗。其次,美人鱼为了拥有双腿,要忍着刀割的剧痛;我们为了拥有挺拔的身姿、高贵的气质,也要忍受军训站军姿的疼痛。你不能懒散,否则不到30岁,你的小肚子就会出来,你必须挺胸拔背,否则给人的感觉是猥琐,这一切让你感觉自己每走一步都如同走在刀尖上,但你只能忍受,你还要忍受学习、成长中的一切困难,比如你必须养成良好的卫生习惯,否则别人都不愿意和你接触……设想一下,两个女孩子,花了同样的钱购买了各自的房子,花了同样的钱装修布置,最后一个女孩勤快,家里整洁温馨,自己心情愉快;而另一个女孩懒惰邋遢,房间乱糟糟的,凌乱不堪,让自己的生活也一地鸡毛……其实,生活的质量高低也许根本就不在于拥有多少金钱，而在于你是否能将生活经营得精致。何况，幼儿园教师的第一关，就是卫生。否则，家长怎么放心把孩子交给你……当你养成了这样的好习惯，就不再会感觉疼痛、难受，并能获得不俗的谈吐、高贵的气质，其实这也就是获得了不灭的灵魂。"

学生入神地听着，老师却戛然而止，问："听了老师对《美人鱼》这一故事的解读，你想到了什么？我为什么要与同学们分享这个故事？"

学生纷纷："您希望我们讲普通话，讲礼貌，讲卫生，做文明人。"

"您希望我们有好的气质，成为优雅的人、高雅的人。"

老师："还有呢？明天我们的主要任务是什么？"

学生纷纷："明天我们要军训了。"

老师："是的，明天你们要军训了，会很累、很苦，但是，我们别无选择，必须坚持下去。在座的同学是否有参加过军训的？"

几个女孩子举手，老师问："站军姿的时候，你有什么感觉？"

学生："疼，像刀割一样。"

老师："对！站军姿的时候两腿好疼，站完以后回到寝室，全身酸痛。但是站军姿可以提升我们的气质，可以改变我们的身姿，可以让我们亭亭玉立。因此，就算疼，也要坚持，像美人鱼一样，为了成为一个优雅、合格的幼儿园教师而努力，好吗？"

学生纷纷："好！"

老师："我怎么感觉你们信心不足？我的南瓜们，我的美人鱼们，多余的话我们不要再说了，从现在开始，从明天军训开始，拿出你的勇气来，开始结果，一步步地结果，好吗？"

学生："好——"

班会临结束时，忽然有人问："老师，我觉得美人鱼挺可惜的。您看她付出了那么多，最后还是没有获得王子的爱情，真不值！"

老师："但是，她最后获得了不灭的灵魂啊！"

学生追根究底："那又怎样呢？她还是没有获得自己渴望的爱情。"

老师:"但是,她已经获得了不灭的灵魂,已经成了一个高贵、高雅的女人。就比如我,在我17岁情窦初开的时候,我肯定不如现在成熟、优雅,我心仪的男人也许看不上我。但是,我和美人鱼一样继续努力、上进、追求善、渴望美。我会和美人鱼一样拥有不灭的灵魂。当我已经成了一个高雅的女人,我觉得自己能配得上我能看得上的所有的优秀男人。"

学生一下子愣住了,他们可能觉得老师在吹牛——老师毕竟已经步入中年,世界上的成功人士怎么可能……

老师笑:"你们听清楚了!我说的是自己能配得上我能看得上的所有的优秀男人。那些太有钱、有权的人,我看不上他们不就是了……"

学生哄然而笑,也许他们感觉这个班主任实在是太有趣了。

……

【班会总结】

这是新生入学第一天非常及时的"开学第一课",内容涵盖了班主任别开生面的自我介绍、班主任给学生的赠语和军训动员等。

首先,我希望学生喜欢我,因此直言不讳:年龄的悬殊不会造成师生的代沟,老师在80岁的时候,都会拥有18岁少女的情怀。同时,我希望学生明白,就算是没有一个人为我们喝彩,我们也要开花,也要美丽给自己看。这就把幸福的权利紧紧握在自己手中,不会刻意在意外界的评价。

其次,我的学生是中招考试的失利者,他们走进校门,常常携带着一身挫败。所以,我送一首《南瓜》诗给他们,告诉孩子们老师相信他们,他们也要相信自己,老师愿意陪他们做默默生长的南瓜。就算到最后也没有结一个南瓜出来,我相信,有了南瓜梦的植物,也会和其他没有梦的植物不一样。在这里,我只是希望学生提高自信心后自己去体悟:真正的成长必须耐得住寂寞,坐得住冷板凳。

在我们没有开一朵花、结一个果出来之前,谁会相信我们是一株能开花的月季、是一个能结果的南瓜呢?

最后我用《美人鱼》的故事告诉学生:为了证明自己存在的价值,只能抛弃自己以前不良的行为习惯，坚持军训，磨炼意志。

这是给新生留下深刻印象的最好方式。

操作提示

1. 准备好精美卡片，让学生在进校的第一天就能感受到班主任的真诚、善意和情调。

2. 一个深受学生欢迎的班主任，必然是一个会讲故事并善于演讲的老师。因此，这节班会课需要老师打好腹稿，注意提高自己的演讲能力，让自己的言行充满智慧和魅力。

二、班干部从哪里来

煮一锅班级的"石头汤"

【推荐理由】

1. 职校军训之后、正式上课之前，第一要紧之事，是建立积极向上的班集体，组建班委。这时班主任应该怎么引导？本节班会以故事《石头汤》为引子，强化了学生为班级服务的意识，强化了学生的感恩之心，并为挑选班干部埋下了伏笔。

2. 一个智慧的班主任，总能信手拈来有利于自己班级成长的故事、案例与学生分享。这节班会体现了如何巧妙地将故事和班级情境融合在一起，润物无声地熏陶学生、感染学生，激起学生向上、向善之心。

【适用年级】中职一年级

【班会背景】

军训结束，第一个晚自习，教材已经放在学生的课桌上，学生彼此之间还不太熟悉。这个时候没有作业，最适合召开班会。

【班会目的】

1．增强班级的凝聚力、向心力，让学生为班级发展出谋划策，形成积极向上的班级舆论。

2．强化学生为班级服务之心，培养学生感恩之心。

3．为品质优良、乐意为班级服务的学生拉票，为挑选班干部埋下伏笔。

【重点难点】

本节班会的重点在于培养学生为班级服务之心。

本节班会的难点在于：新生入校，学生之间不太熟悉，大家可能不善于在课堂上讨论、发言，需要老师营造平等、和谐的课堂气氛，引导学生积极参与到讨论中来。

【课前准备】

1．熟悉故事《石头汤》，将文字录入计算机，做成PPT，挑选学生阅读、讲解。

2．认真观察学生入校以来为班级所做的付出，并拍照，在班会时播放。

3．下午采用自愿的方式，组织学生打扫教室卫生、摆放桌椅、领教材、发放书籍。

【设计思路】

1．分享故事《石头汤》。

2．引导学生发现近期为班级服务的同学，让全班同学为他们鼓掌喝彩。

3．引导学生继续为班级服务，借此机会挑选课代表。

4．运用心理学中的"阳性强化法"，积极关注班级学生好的一面，并大加赞赏；同时淡化学生不好的一面，强化学生为班级服务之心。

【班会实录】

军训后第一次进教室，卫生、座位等一切安排就绪后，我问学生："你们听说过"石头汤"的故事吗？"

红灵犹豫着小声回答："听说过。"

我让她站起来为大家讲一讲，红灵一下子羞红了脸，只说这是一个以团结为主题的故事,讲一个村子里的人不快乐,因为他们只顾自己,后来来了三个和尚……

红灵三言两语就把故事讲完了。说实话,她讲得不够生动,也不够详细。但我依然带领学生为她鼓掌,同时打开计算机,和学生一起,重新将故事阅读了一遍。学生阅读得很入迷。

从前有三个和尚,来到一个历经磨难的小村子,发现村民对这个世界没有信心,对生活没有热情,邻居之间也彼此猜忌,没有信任。

"这些人不懂得什么是快乐,"三个和尚异口同声地说。大和尚阿寿说:"今天我要让他们见识一下怎么煮石头汤。"他们捡了一些小树枝生起火,把小汤锅架在火上,在锅里装满从井中打来的水。

一个小姑娘看见了,问:"你们要干什么呀?""我们要煮石头汤,还得找三个又圆又滑的大石头。"阿寿说。小姑娘帮和尚们在院子里找到了他们所要的石头,他们把石头放在锅里煮。"这几块石头,可以煮出好喝的汤,"阿寿说,"但是,我担心锅太小,煮的汤不够喝。"

"我妈有个大锅。"小姑娘说完便跑去对妈妈说了这件事,她妈妈竟然答应了,还说:"我倒想学学怎么煮石头汤!"

小姑娘把大锅推到了村子的中央,和尚们点燃的柴火冒出的青烟飘散开来,他们翻动着锅中的石头……躲在窗子后面的人们终于打开房门走出了屋子,他们都要看一看这石头汤是什么。

正在搅动石头汤的阿福说:"如果加上了盐和胡椒粉,石头汤才好喝呢!"

一个眼睛睁得大大的、看得津津有味的读书人立即说:"盐和胡椒粉啊!我家里有!"他赶紧跑回家取来了。石头汤里加进了盐和胡椒粉。阿寿尝了尝味道,说:"照我们的经验,这么大锅的石头汤,如果加上一些胡萝卜,那么汤会更甜。"

"胡萝卜?我家里有!"人群中的一个妇人说,她赶忙跑回家拿来了胡萝卜,丢进了汤里。

"要是放一些洋葱,味道是不是会更好?"和尚阿福问。

一个农人跑回家取来了洋葱。

"再加些蘑菇呢?"

蘑菇也被取来了。而且大家纷纷顺便带来了面条、豌豆和包心菜。

当有人打开家门付出时,其他人付出得更多。就这样,汤锅里的东西越来越多,豆腐、云耳、绿豆、芋头、冬瓜、大蒜、百合,甚至人们还大喊着应该加一点儿酱油!和尚们搅和着咕嘟咕嘟冒泡的汤锅,心里颇有感触地想着:多么香啊,多么美味啊,村里的人们多么懂得付出啊!

汤煮好了。村子里的人聚集在一起喝汤。在记忆里,他们从来没有像现在这样聚在一起享用过这么美味的汤。他们感到无比快乐。

盛宴过后,他们讲故事、唱歌,一直玩到深夜。他们不再锁上门,而是纷纷热情地邀请和尚们到家里去住,让他们睡得非常舒服。

"应该谢谢你们,是你们让我们懂得了分享,有了永远的富足。"村民们说。

"还要想一想,"和尚们说,"快乐就像煮石头汤一样容易啊……"

故事讲完了,我让学生谈自己从故事里得到的启示。但这些孩子在初中时可能就属于那种默默无闻的沉默群体,一个个瞪着眼睛不说话。

我耐心地等待着,继续将期待的眼光投向全班学生,终于有个学生站起来说:"这个故事告诉我们一定要团结,这样才能快乐。"她显然和前面讲故事的红灵持一样的见解。我朝她点头,带领大家为她鼓掌。

又有女孩子说:"这主要是讲合作,一个人只有懂得了合作,才会有更大的进步。"热烈的掌声又一次响起。

教室复归于宁静。

我总结说:"两个同学说得非常好,这个故事主要讲的是团结、合作的重要性。除此之外,还讲了付出。如果我们每个人都愿意付出,那么别人会付出更多。快乐的源泉不仅仅在于团结、合作,还在于付出和分享。村民那么开心,不仅仅是因为喝到了石头汤,还源于那种分享食物、歌声的氛围和情调。"

学生目光炯炯地看着我,纷纷答是。我说:"现在大家想一想,我为什么要在第一个班会上讲这个故事?"

学生七嘴八舌地说:"您是想让我们学会团结、合作、付出、分享。"

我点头:"是的。我是想在咱们班也煮一锅石头汤。而且我很高兴地发现,当我刚刚把锅支起来,马上就有同学向里面投放了盐巴和胡椒粉甚至胡萝卜。现在,同学们回想一下,在我们军训这段时间里,有哪些同学开始往石头汤里加进了美味的蔬菜?"

教室里悄然无声,学生们显然没有留心观察,或者说,他们看见了别人为班级付出,甚至自己也曾经为班级付出,却并没有把这些和石头汤联系起来。

我微微一笑,说:"刚才我们把教材都领到手了。但是,教材没有长脚,它们是怎么从学校的图书室,经过操场、花园上到三楼,安坐在教室讲桌上的呢?"

学生似乎明白了我的意思。

我微笑着,邀请下午辛苦地搬书的学生站起来,说:"是这些同学顶着烈日,汗流浃背地抱着书,一趟一趟地往来于 1 号教学楼和 2 号教学楼,让我们能在走进教室的第一节晚自习时就见到了教材。是他们在石头汤里放进了营养丰富、味道鲜美的胡萝卜。让我们用热烈的掌声感谢这些同学,并听他们做自我介绍。"

下午抱书的学生满面红光,一个个地做简单的自我介绍。

我继续启发:"回想一下,除了他们以外,还有人向我们的石头汤里投放过蔬菜吗?"

学生们依然没有话说。我又一次微微一笑,说:"请刚才为我们发书的同学站起来。"

又是一次自我介绍,又是一次热烈的掌声,又是一次感恩的强化,又是一次付出的快乐。

我继续启发:"如果没有同学打扫卫生,我们的教室现在会这么整洁吗?"

于是,下午打扫卫生的学生又站起来做自我介绍,并接受同学们的掌声。

谈论在继续,我希望学生们谈谈在这段时间是否还发现了别人为班级做的贡献。遗憾的是,学生们依然没话说——他们显然还不太适应我这样的班会。对此我也心急不得。

我让小新站起来,说:"这段时间,大家看到小新为我们班所做的贡献了吗?"

学生纷纷回答:"看到了!"

"她为我们发放日记。"

"在我们想家的时候,她安慰我们。"

"她为我们及时传达老师和教官的指示。"

……

我说:"让我们谢谢小新,谢谢她为我们的石头汤增加了蘑菇或洋葱。李镇西老师曾经在和他的学生第一次见面的时候,告诉学生要'让人们因我的存在而幸福'。现在,我们就为有小新这样的同学而幸福,为有乐乐(搬书的学生)这样的同学而幸福了。其实,这几天,主动为我们班级服务的同学有很多很多,接下来大家请看这些照片。"

我开始播放学生为班级做好事的照片,并让照片中的孩子做自我介绍,接受掌声。

(注意:肯定有三五个学生不止一次站起来接受掌声,这三五个学生,就是我们的班干部苗子,他们乐于为班级服务。老师正是利用这样的机会,大张旗鼓地为这些孩子拉票,让他们一次次地走上讲台,加深同学们对他们的印象。在投票选举班干部的时候,他们自然会占优势)

我接下来说:"那么,在将来的日子里,你打算怎样熬制我们的石头汤?你打算如何往石头汤里增加有营养的、美味的食物呢?"

学生又一次愣住了,我说:"其实,做好我们应该做的事情,就是为班级争光,就是为石头汤增加美味和营养啊!比如,这一周的值日生工作就非常认真……"

这时,小颖举手说:"老师,我的普通话很标准,咱们班好多同学只会说方言,我愿意在以后的日子里带领大家学习普通话。"

我惊喜地看着她，心想：普通话课代表有着落了！我们班的女孩子学的是学前教育专业，却多来自农村，普通话一向是一大难题，没想到小颖竟自告奋勇来指导……

气氛再一次热烈起来，有小颖带头，他们终于知道自己该为我们的"石头汤"做些什么了。

有同学说："老师，我喜欢打篮球，我愿意在我们班组织一个篮球队。"——体育课代表又有人选了。

又有学生说："我美术好，我愿意……"

"我喜欢舞蹈，我愿意……"

……

【班会总结】

每个班级的每个学期都有发放教材的事情，班主任也肯定会对抱教材的学生提出表扬。但若仅仅就事论事地进行表扬，强化的力度就不够大，也不够新颖；如果只在讲完《石头汤》的故事后强调一下团结、合作、付出，而不与现实联系起来，那就只是概念化的说教，学生是不会知道怎样从自身做起，熬制美味的班级石头汤的。当《石头汤》的故事和下午的搬书、发书结合起来，就属于指导的"细节化""具体化"，就能让学生明白究竟怎样做才能得到老师、同学乃至社会的认可。最后，小颖主动要求负责指导同学们的普通话，就是熬制班级"石头汤"、投放美味蔬菜的最好的引领和诠释。

在这润物无声的课堂讨论中，班干部、课代表的苗子一个个凸显出来。认真思索，不难发现，班会里我讲的故事是老故事，而只有和自己班级的情况紧密联系起来，挖掘出新的含义，才能深入学生的心田，这就是前面所讲的班级活动对主题内容的要求——求新、求近、求小。

> **操作提示**
>
> 1. 我常常对学生说:"千里马是自己跑出来的,不是被老师或单位领导发现的。如果你是'千里马',就自己主动显示你的本事吧!不要等着别人去发现。"但是,教师还是要做个有心人,善于引导多数学生去发现班级里的好人好事,而不要做警察,专门盯着学生的毛病不放。这节班会就要求我们拥有一双善于发现学生优点的眼睛。
>
> 2. 要给学生说话讨论的机会,还要有耐心,即使学生说错了,我们也要谢谢他们。因为每一节课或班会,其实都是一锅"石头汤",需要教师和学生共同的努力。学生的参与,就是在往石头汤里投放各种各样的调料和蔬菜。

三、认识自己,悦纳自己

扔掉那不好的"鸟笼子"

【推荐理由】

1. 也许因为以前求学的经历或童年时期的遭遇,许多中职生不能正确认识自己,主要表现为自卑、破罐子破摔、认可别人对自己的负面评价等。针对这样的情况,班主任应该如何引导学生呢?本节班会将现实案例和心理学理论结合起来,让学生在入学不久就学会了如何保持喜悦的心境、接纳不完善的自己。

2. 一个合格的中职班主任,很有必要了解一些心理学知识。推荐这个班会,也是与同行们分享班会里的智慧。

【适用年级】 中职一年级

【班会背景】

新生入学，阅读着大家的自我介绍资料，我颇为震惊。比如：有的学生直接说自己"静若瘫痪，动若疯子"。有好几个学生说自己很"二"，甚至有人说自己将来"应该不会太出色吧！因为自己做事本来就很'二'"。有的学生说："我不喜欢上学，不喜欢听课，更不喜欢写作业。我对这个专业不感兴趣……"但是，他在最后又说自己将来一定很棒。这就有点自相矛盾了。倘若什么都不喜欢、没兴趣，将来如何"棒"呢？

因此，我在新生入学不久就设计了这个班会。

【班会目的】

1．引导学生用积极的目光认识自己、鼓励自己，并学会发愿。

2．引导学生为自己的性格分类，了解此类性格的特长。

【重点难点】

1．让自信真正内化为学生的素质，是本节课最大的挑战。

2．引导学生为自己正确分类，是本节班会的重点。

【课前准备】

1．让学生写出自我介绍，根据他们的自我介绍分析学生亟待解决的问题。

2．做PPT课件，收集适合学生情况的小故事，供学生讨论。

【设计思路】

1．了解学生的情况，针对问题设计班会内容。

2．讲解人格分类。

3．学生做题、测量，并自己计算测量结果。

【班会实录】

1．导入

老师带学生一起阅读屏幕上的字。

> 爱，不是寻找一个完美的人，而是学会用完美的眼光欣赏一个不完美的人。

老师提问："同学们，你们看了这句话，有什么感想？"

学生1："我觉得这句话很经典。因为在这个世界上没有完美的人，我们只能学着去欣赏不完美的人。"

学生2："我觉得这句话很温暖，能让我们更加宽容，去接受别人的不完美。"

学生3："我觉得这句话让我很有安全感，因为我知道自己不完美。"

老师："看了这句话，我马上想到了同学们。因为我是一个有很多缺点的老师，但是你们在周记里对我大加赞美。我感受到了你们的爱，你们就是在用完美的眼光欣赏我这个不完美的人。老师在这里谢谢你们（鞠躬，学生鼓掌）。同时，我更希望你们也能爱自己，用你们完美的眼光接纳不完美的自己。"

老师打开屏幕，显示本节班会的主题"认识自己，悦纳自己"。

2. 扔掉那不好的"鸟笼子"

老师与学生一起阅读屏幕上的字。

> 故事1：《水知道答案》。据说，一个科学家做了一个实验。他在两个相同的杯子里盛了相同的水。每天，他对着其中一杯水说："你真美啊！你真甜啊！谢谢你给了我滋润……"他每天却对另一杯水说："你真丑，你臭死了，我讨厌你，我恨你……"一段时间后，他去化验水的分子结构，发现每天受到赞美的那杯水的分子结构像花一样，特别美丽，而每天受到诅咒的那杯水，其分子结构却像癌细胞一样，特别丑陋。于是，他写了一本书，名字就叫"水知道答案"。

老师:"现在我想问同学们,水所知道的答案是什么?"

学生5:"水能听懂我们的话。如果常常对水说赞美的语言,水的分子结构会变美。"

老师:"这让你想到了什么?"

学生愣着没有回答。

老师:"水占了我们人体的多少成分?"

学生:"70%。"

老师:"所以,你若常常对自己说'我是个傻瓜''我很"二"''我很丑陋'……你身体的分子结构会变美还是变丑呢?"

学生1:"变丑。"

学生2:"会真的变得很'二'。"

老师:"我多么希望同学们能用完美的眼光去欣赏、接纳不完美的自己,我多么希望你们能关爱自己。遗憾的是,我翻看同学们的周记,发现有相当一部分同学在周记里对自己的评价很不恰当。比如,有的这样说:'现在的我,性格大大咧咧的,属于那种很二很二的性格,可能会给以后学习的道路带来很多负面影响……将来的我,应该不会太出色吧!我做事的性格本来就很二,不求完美,但我也不会太邋遢。嘿嘿!因为以前做事的经历告诉我,我永远都不会太好,但是也不会差……'还有的人说自己'静若瘫痪,动若疯子'。同学们想一想,'二''瘫痪''疯子',这些词语好不好?"

学生:"不好!"

老师:"按照'水知道答案'的说法,你这样说,自己会变成什么样子?"

学生:"也许会越来越不好。"

老师:"为什么会这样呢?请大家跟我阅读下面的故事——"

故事2:从前有两个好朋友,我们姑且叫他们张三和李四。有一天,张三对李四说:"我跟你打个赌:如果我送给你一个鸟笼子,你肯定会买一只鸟放进去。"李四说:"开什么玩笑!我根本

> 就不喜欢养鸟。"张三说："你不信，咱就试试。"于是张三送给李四一个鸟笼子。从此以后，所有人到李四家里，看见李四的鸟笼子都会说："啊呀李四，你的鸟是什么时候死的？它是怎么死的？"李四解释说自己没养鸟。朋友马上嗤之以鼻："你不养鸟挂个鸟笼子干什么？真是病得不轻！"这样没几天，李四干脆就买了一只鸟放进去，因为他实在不愿意再费口舌解释了。

老师："同学们，读了这个故事，你有什么感想？"

学生思索着，不出声。

老师："把这个故事和同学们的周记联系起来，寓意就是：也许在你很小的时候，某一次你做事欠分寸，大人或朋友笑你'二'——注意，这就是一个鸟笼子，你接受了这个鸟笼子，也认为自己很'二'，便开始往笼子里放小鸟。久而久之，你说话做事果真就'二'了。但你从来没有想过去改变自己，因为你一直牢牢捧着这个'二'的鸟笼子。同样，小时候偶然发生的几件事情，让你知道自己的水平处于中游，别人（比如老师或家长等比较权威的人）评价你事事处处都处于中游——这又是一个鸟笼子。你接受了这个鸟笼子，于是无论做什么事，都是凑合就行。其实，你完全可以做得更好，但是因为你内心深处认为自己的水平就处于中游，所以，你即使有能力得第一，也不肯努力。同学们说，这些'鸟笼子'好不好？"

学生："不好！"

老师："那怎么办呢？"

学生："扔掉不好的鸟笼子，换一个好的鸟笼子。"

老师："对！让我们换一个好的鸟笼子。请你们相信老师的话：你真的很有潜力，你会成为最优秀的学生。而且，就算你以前总是处于中游，其实那水平也挺高的。"

学生："为什么？"

老师:"你能把任何事情都做到不是太好,但也不差,这个难度很大,这不是人人都能做到的。否则,你可能一不留神就成了第一,或者一不留神就成了倒数第一。这么多年来,你能一直保持中游的水平,恐怕比得第一或得倒数第一都难。"

学生:"老师,我真的感到很奇怪,在行为习惯和处事方式上,为什么给你一个'鸟笼子',你就真的会养一只鸟呢?"

老师:"这正是我要给大家讲的另一个要点。咱们中国的字很有意思,比如,你看见'笑'心里就高兴,看见或听见'哭'这个字,心里就不舒服。"

学生:"对!对!我听见'美丽',就愉悦;听见'丑陋',就遗憾。"

老师:"这是因为'笑''快乐''美丽''健康''成功'等词能给你带来正面情绪,会让你精神饱满、神采奕奕,久而久之,信心倍增,气质和风度等都会越来越好;而'痛苦''烦恼''郁闷''生病'等词语,却只能给人带来负面情绪,让你心情不好、愁眉苦脸、没精打采。咱们班有的同学说自己'静若瘫痪,动若疯子',其中'瘫痪'和'疯子'都不是能带给大家正面情绪的词语,你若承认了自己是这个样子——"

学生会心地笑:"必然也会成为这个样子。"

老师:"那么,我们能否为自己换一个更好的词语呢?"

学生1:"静如处子,动如脱兔。"

老师:"非常好!若有人常常这样形容你,你必然会文质彬彬,举止优雅而灵敏。还有更美的描述吗?"

学生2:"娴静犹似花照水,行动好比风扶柳。"

老师:"太棒了。你能告诉我们这句话是描写谁的吗?"

学生2:"是越剧《红楼梦》里宝玉第一次见到林黛玉时,对林妹妹的赞叹。他说林黛玉娴静的时候,好像鲜花倒映在水里一样妩媚动人;行动的时候,如同春风吹拂杨柳一样婀娜多姿。"

老师:"若有人这样夸赞你们,你们会'静若瘫痪,动若疯子'吗?"

学生:"不会!"

老师:"那我们下次在介绍自己的时候该怎么说?"

学生:"多用积极向上的、好的词语,扔掉不好的'鸟笼子'。"

老师:"扔掉不好的'鸟笼子',换成好的'鸟笼子',把注意力聚焦在'娴静''美丽''愉悦''成功'等词语上,你就会越来越优秀,越来越优雅。这,就是欧美近年来流行的'吸引力法则',意在帮助人们通过发现内心的力量来实现目标。或者说,在你的生命中,你会吸引你所注意、关心和聚焦的东西。你把注意力放在'成功''快乐''勤奋'上,你就会越来越成功、快乐、勤奋,因为这些词能给你带来正面能量;相反,你把注意力集中在'郁闷''烦恼''无聊'上,你就会越来越难受,因为这些词语会给你带来负面情绪。"

学生:"好的,我们以后要常告诉自己'不要郁闷''不要空虚''不要无聊'……"

老师:"不!同学们,当你在抗拒'郁闷''空虚''无聊'的时候,其实你所注意的还是'郁闷''空虚''无聊'。"

学生愣着,不说话,显然没听明白。

老师:"好!现在请同学们抬头挺胸听我说:请你千万不要想你寝室里床单的样子,不要想你寝室里床单的样子……好,现在再请同学们告诉我,你刚才想的是什么?"

学生纷纷笑:"想的是寝室里床单的样子。"

老师:"我不是告诉你不要想你寝室里床单的样子吗?怎么你还在想?"

学生:"越是不让想,越是忍不住要想。"

老师:"所以,我建议同学们在给自己定义的时候,要多想你希望拥有的素质,尽量少想或不想你不要的东西。比如,你希望自己比赛时放松,就不要想'千万别紧张,千万别紧张',因为'紧张'一词给你的感觉本来就是紧张,你这样想着,会越来越紧张,你应该告诉自己'放松'。同理,你若希望自己娴静犹似花照水,就常常想着自己如花儿倒映在水里一样美丽,你自然会举止优雅。"

学生点头、微笑:"老师,我们明白了。今天晚上,我们再给您写一份自我介绍吧！"

3．认识你自己

老师："好的。今天晚上你们再次认真地分析一下自己究竟是什么样的人。根据心理学的人格分类，人可以简单分为四类。请同学们看屏幕——"

> **猫头鹰型**
>
> 平静、沉着，是三思而行者。
> 这类人分析力强，精确度高，注重细节。
> 个性拘谨含蓄，谨守分寸，但会让人觉得"吹毛求疵"。
> "猫头鹰型"的人分析道理、说服别人很有一套，处事客观合理，只是有时会钻进牛角尖里出不来。

老师："现实中有猫头鹰型的同学吗？"

学生："有！我有一个初中同学就是这样的，很文静，很理性。"

老师："还有呢？她的床铺、物品是什么样的？"

学生："整整齐齐的，他们说话喜欢扳着手指头数一、二、三。"

老师："这类学生就属于猫头鹰型。他们的成绩一般都不错，希望能发扬光大自己的优点，但应注意不要过于钻牛角尖。接下来我们看第二类——"

> **老虎型**
>
> "老虎型"的人一般企图心强烈，喜欢冒险，个性积极，竞争力强，凡事喜欢掌控全局发号施令，目标一经确立便会全力以赴。其缺点是在决策上较易流于专断，不易妥协，故较容易与人发生争执和摩擦。

老师:"老虎型的人说话斩钉截铁,很有分量。他(她)个子也许不高,但身边的人忍不住就要听从他(她)的指令。现实中有这样的人吗?"

学生:"有!咱们班的小玲就是。"

老师:"何以见得?"

学生1:"晚上大家都在说话,她忽然怒吼一声:'别说了,睡觉!'大家就乖乖地睡了。这句话换成别人说,估计是没人听的。"

老师:"这种同学很有威信,有当班干部的潜质,但注意要多听别人的意见哦!接下来我们看第三种——"

考 拉 型

考拉型又叫平易型、侃侃而谈者、闲聊者。

考拉型特征:

支持别人　关怀他人　态度合作

应对自如　忠心耿耿　善解人意

考拉型的行为准则:

容易同情别人的需求,对别人的行为动机相当敏感,在解决人际问题时,最能将心比心、设身处地地为他人着想。

老师:"现实中有这种人吗?"

学生:"有,我就是这样的,善解人意……"

旁边有同学发出"咦"的声音,表示取笑。

老师:"还真别说,咱们班这类同学确实很多,她们有很强的亲和力,将来会是忠心耿耿的好员工。但要注意,不要让闲聊过于侵占你的时间。最后,我们看孔雀型。"

> **孔 雀 型**
>
> 孔雀型又叫表现型、擅长交际者。
>
> 这类人话题多，兴趣广，爱开玩笑，愿意被人羡慕。
>
> 孔雀型特征：
>
> 热力四散　喜出风头　喜好玩乐
>
> 乐观外向　机智幽默　无拘无束
>
> 孔雀型的行为准则：
>
> 擅长情绪化地表达自己，好高骛远，经常以新奇的手法处理问题，同时也愿意冒险来争取机会及实现美梦，喜好幽默和即兴的行为方式，常能提振同伴间的士气，擅长以未来的远景诱惑人、说服人、振奋激励人心，常能形成一股推动的力量。
>
> 孔雀型的特点：
>
> 嗓门大，爱说话，表情丰富
>
> 喜欢提问、提意见
>
> 比较急躁，没有耐心

老师："现实中这种人多吗？"

学生1："多！他们打扮都很时尚、很有个性，回答问题很积极。"

学生2："对！我同桌就是这样的人。"

学生3："老师，让我们测试一下自己究竟属于哪种类型的人好吗？"

4．性格测试

结合每种动物的特点，想一想你自己是属于哪种类型的。

回答问题的原则：

如果答案是"非常同意"，请给自己打5分；

如果答案是"比较同意"，则打4分；

如果答案是"差不多"，打3分；

如果答案是"有一点同意",请打 2 分;

如果答案是"不同意",就打 1 分。

提醒你注意以下两点。

(1) 回答问题时不是依据别人眼中的你来判断,而是依据你对自己的评判。

(2) 下面的问题删掉了第 4、9、12、19、23、27 题,主要是因为心理学家在编写心理测量试题时,故意出了几道与测量无关或者根本就没有答案的题,以便从得分中看出被测试者是否有装病、胡乱填写等诈分情况,增加测量的可信度。因为这个测试是学生为自己打分、分析,不存在装病、胡乱填写等情况,同时加上测试诈分的题目计算起来非常复杂,所以在这里直接去掉了测试诈分的题目。

1. 你是一个值得信赖的人吗?
2. 你个性温和吗?
3. 你有活力吗?
5. 你独立吗?
6. 你受人爱戴吗?
7. 你做事认真且正直吗?
8. 你富有同情心吗?
10. 你大胆吗?
11. 你精确吗?
13. 你的组织能力强吗?
14. 你是否积极主动?
15. 你害羞吗?
16. 你强势吗?

17．你镇定吗？

18．你勇于学习吗？

20．你外向吗？

21．你注意细节吗？

22．你爱说话吗？

24．你勤劳吗？

25．你慷慨吗？

26．你小心翼翼吗？

28．你传统吗？

29．你亲切吗？

30．你工作起来足够有效率吗？

好啦，现在把第 5、10、14、18、24、30 题的分加起来就是你的"老虎"分数；

把第 3、6、13、20、22、29 题的分加起来就是你的"孔雀"分数；

把第 2、8、15、17、25、28 题的分加起来就是你的"考拉"分数；

把第 1、7、11、16、21、26 题的分加起来就是你的"猫头鹰"分数。

假若你有某一项的分数远远高于其他三项，你就具有这种属性；

假若你有某两项的分数大大超过其他两项，你就具有这两种动物的综合属性；

假若你的各项分数都比较接近，恭喜你，你是一个面面俱到、近似完美性格的人；

假若你有某一项的分数特别偏低的话，要想提高自己就需要在增强对应的动物属性上下功夫了。

5. 小结

老师:"同学们,今天我们的班会主要着眼于如何正确地认识自己,并为自己分类。在这里,我想提醒大家的是:性格没有好坏之分,因为任何性格都有优点,也有缺点,我们在了解认识了自己的性格和缺点后,应该发扬优点,摒弃缺点。比如:分析型即猫头鹰型的同学,要注意把握机会、敢于冒险;驾驭型即老虎型的同学,要信任他人,耐心一点,培养倾听的习惯;和蔼型即考拉型的同学,要设定并坚持自己的目标,敢于表达自己的主张;表达型即孔雀型的同学,要放慢脚步,不做过分的承诺,注意时间管理。总之,人的性格有缺点也可以理解,切记爱的含义是什么!"

学生(齐声):"爱,不是寻找一个完美的人,而是用自己完美的眼光欣赏一个不完美的人。"

老师:"其实,最大的爱心是呵护自己的这颗心。我希望同学们能用完美的眼光接纳、欣赏不完美的自己和他人。最后,祝同学们越来越优秀!"

【班会总结】

这是一次引导学生正确认识自己的非常成功的班会课,占用了一个晚自习的两节课时间。我认为这样的讨论是有价值的,我们必须让学生从内心深处认识到:自己是独一无二的。山有山的高度,水有水的深度,没必要攀比,每个人都有自己的长处。风有风的自由,云有云的温柔,没必要去模仿,每个人都有自己的个性。尽管自己不完美,但我们也可以用完美的眼光接纳自己、欣赏自己。只有将这些信念内化为自己的一部分,学生才可能改变以往不思进取、"破罐子破摔"等思维模式。

每次迎接新生班级,我都会让学生在周记里写出自我介绍,了解学生对自己的评价,并从中发现一些错误的思维模式,再做讨论、引导。

◆ 操作提示

1. 本节班会主要在于引导学生认识自己、悦纳自己，改变学生错误的思维方式，增强学生的自信心，因此老师在课堂上要面带微笑、充满信心，尽可能地感染学生。

2. 要真心实意地帮助学生分析他们性格中的不足。请相信，只要我们的心是真诚的、善意的，即使不说话，只是默默地看着他们，学生也能感觉到。这就是最有效的教育。

3. 精心选择心理测量的题目，并告诉学生测量不可避免会有误差，同学们不可生搬硬套。

4. 在测试题目中，有些序号没有（有些题目被去掉了），要告诉学生一定要按照序号打分。

四、适应新生活

掌握职业学校的学习方法

【推荐理由】

1. 中职生的课程设置、学习方式等，与初中相比有很大变化。怎样让学生在短时间内改变以往对课业的思维方式？怎样让孩子们尽快掌握中职学习的有效方法？这是很多中职班主任深感困扰的地方。这个主题班会，用实在的内容、真挚的情感、扎实的工作，为我们引导学生进行有效学习提供了很好的参考。

2. 一个深受学生欢迎的班主任，必然会从学生自身的需要出发去设计班会，切实为学生传道、授业、解惑。推荐这个班会，也是与同行分享如何从点滴做起为学生的终身发展考虑。

【适用年级】中职一年级

【班会背景】

中职学生入学一个月后，对老师、同学及学习环境都有了一定的认识，部分学生很快明白并适应了职业学校的学习方式，但是另一部分学生的思想观念依然停留在初中时期，对专业技能课没有足够的重视，因此需要在教师的引领下明白自己的努力方向。

【班会目的】

1．总结入学以来的学习、生活感受。

2．引导学生了解中职课业学习和初中课业学习的异同，并进行有效学习。

【重点难点】

要改变一个人的学习思维方式其实并不容易，教师凭空说教，学生未必肯接受。因此要等到一个月后，有部分学生自己探索出了有效的学习方法时，再让学生谈谈切身感受。

如何引导学生有条不紊地说出自己的感受，使全班同学受到启发，是本节课的重点和难点。

【课前准备】

1．让学生写出入学以来学习的感悟，总结出经验，并提出困惑。写作的过程就是反思的过程，会让学生养成有效梳理思绪的习惯。

2．让学生课下调查自己所学专业对应的职业群有哪些、这些职业群对员工的要求有哪些。

3．上互联网了解什么是复合型人才。

【设计思路】

1．让学生畅谈进入职业学校以后的感受，并提出困惑。

2．引导学生总结有效的学习方法。

3．学生交流自己在课下和互联网上查到的信息，讨论自己未来的职业需要怎样的人才，确定两年职业学校学习的阶段目标。

【班会实录】

老师:"转眼间,同学们成为职业学校的学生已经一月有余了。大家对职业学校的学习生活有什么感想?"

学生1:"职业学校的生活丰富多彩,我觉得每天都有收获,每天都有进步。"

老师:"非常好!还有哪些同学愿意发言?"

多数学生保持沉默。他们显然有很多困惑。

老师:"看来有的同学很快就已适应中职生活和学习,每天都有进步;但有的同学依然在迷茫和困惑中,对专业技能的掌握总觉得有困难。今天我们就来总结一下一个月来同学们的学习、生活,看看有什么经验可以吸收,或有什么困惑需要解决。"

第一乐章:适应中职生活

老师播放幻灯片一。

> 刘枣在初中是一个勤奋、刻苦的学生,来到职业学校以后,自由支配的时间比较多,她每天除了认真完成语文、数学、政治、英语等作业外,还会把声乐、琴法、美术等专业课的概念,比如"共鸣""呼吸"等要点在作业本上再抄写一遍,熟记在心。但是,考试时,她的成绩很不理想。刘枣为此很苦闷。请同学们分析一下,刘枣苦闷的根源在哪里。

学生讨论,自由回答。

学生1:"职业学校的课业和初中时不一样。就算刘枣把声乐里的'共鸣''呼吸'等概念背诵得滚瓜烂熟,如果没有在思索中感悟、练习、实践,依然不会有美丽的歌喉,成绩自然就差。"

学生3:"我在一开始练钢琴的时候,把钢琴书上的文字、乐谱都背诵得很熟，但因为没有练习，双手不协调，还是弹不好曲子。"

老师："是啊！倘若你们是服装专业的学生，就算把专业书上的概念背诵得再熟，如果不经常动手剪裁衣服，你们觉得自己会做衣服吗？"

学生纷纷："不会，背诵得再熟练，也还是不会做裙子和上衣的。"

学生5："所以，初中时期我们的学习主要以思维为主，主要是'思考'，是一个用脑去想、去记、去理解的活动；而职业学校的学习除了想、记、理解之外，还要动手去做、去练。"

老师："同学们能给刘枣提几个建议吗？"

学生6："对于语文、数学等基础课，按照初中的学习方法去学习就行了。但对于舞蹈、钢琴、美术等专业课，必须反复操练。"

学生7："刘枣需要改变思维方式，在职业学校里，掌握技能是很重要的，不能像在初中一样，认为唱歌、跳舞、绘画是闹着玩，这是我们将来谋生的技能。"

学生8："早读的时候，不一定非要跟以前一样读英语、语文，也可以练练视唱。"

学生9："也不能过于忽视基础课的学习，一星期五个早上，可以合理分配一下，比如两个早上练习视唱，剩下的三个早上读英语、语文或背诵别的。"

老师："谢谢同学们给刘枣的建议。我知道我们班的很多同学有着和刘枣相同的困惑，相信经过这样一个班会，我们已经明白，在职业学校里，学习基础课不能放松，但练习专业技能也非常重要。同学们不能总是坐在教室里死记硬背那些概念、知识点，要在实际操作中去应用知识，动手、动脚、动脑子去练习。因为将来我们走上工作岗位，重要的还是要'做'。在工作中基本上不允许犯错误。所以同学们在学校里就要多练习。"

第二乐章：合理计划时间

老师播放幻灯片二。

> 张虹活泼、爱动、善交际，进入职业学校后，她报了学校舞蹈队，又加入了学校广播站和志愿者小分队。张虹早上5点多就起床播音，中午不休息去练舞蹈，周末到学校附近的"若木书院"做志愿者，主要教一些外来务工人员的孩子绘画、跳舞、唱儿歌。同时，对于学校的课程，她不敢有丝毫的耽误。因此，她每天忙忙碌碌的，几乎没有玩耍的时间，甚至连吃饭的时间都很紧张。身边的朋友劝她不要这么辛苦，只要将学校开设的课程学好，能拿到毕业证就行了，或者只报一个舞蹈队，广播站起床太早，志愿者又要牺牲周末的休息时间，对自己的课业也没什么用处，不如不报名。

老师提问："你认为朋友对张虹的建议合理吗？"

学生纷纷："不合理。"

老师："为什么？"

学生6："因为张虹活泼、爱动，如果不参加这些社团，多余的精力可能就没地方宣泄，有可能调皮捣蛋。"

学生2："张虹既然喜欢这些活动，就积极参加，不用限制她。"

老师："如果张虹参加一段时间后，感觉确实挺累、挺忙，还要不要坚持呢？"

学生3："还是要坚持的吧！毕竟能提高自己的能力。"

学生4："但是休息不好、吃不好，对身体也不利啊！"

老师："是的，参加这些活动确实能得到很多锻炼，但前提是要保证身体健康，不影响学校开设的课程。在保证了身体健康和不影响学校课程学习的前提下，张虹完全可以多报些社团，并参加到学校自主管理中来。因为，在未来的社会里复合型人才最受欢迎。"

学生3："老师，什么是复合型人才？"

老师："比如，你想找一个推销电器的工作，而你不但会电工，还会制冷，同时又有驾照，你就是一个复合型人才，你就会格外受用人单位的青睐；如果你将来到幼儿园工作，不但有教师资格证，还有保育员证、营养师证、心理咨询师资格证等，你也是一个复合型人才，你的就业前景自然就格外好。"

学生："我们明白了。在职业学校里，所学知识越丰富越好。"

老师："是的。现在我要问的是：张虹报舞蹈队对她的将来有什么好处？"

学生7："张虹将来找工作的时候，舞蹈成绩优秀，会加分的。"

老师："倘若张虹的舞蹈不好，而唱歌比较好，该怎么办呢？"

学生纷纷："那就不要报舞蹈队，而要报合唱队。"

老师："如果她跳舞、唱歌都不行呢？"

学生纷纷："那就在琴法上多下功夫。"

老师："如果张虹的乐感根本就不好，根本不适合搞音乐呢？"

学生："那她就要在绘画上下功夫，或者苦练讲故事，她总能找到适合自己的某一项技能课。"

老师："谢谢同学们的建议。相信每个同学都能找到适合自己的道路。如果能让门门专业课都成绩优秀，能成为复合型人才，固然是好，倘若做不到，那就最少要有一门课能拿得出手，这样就能找到自己在学校的归属感，就会慢慢爱上学习的。这就是'扬长避短，个个成才'。"

学生9："老师，假如有一个学生——我说的是假如啊！假如他（她）的门门功课都不行呢？他（她）能在学校找到兴趣点吗？他（她）能找到归属感吗？"

老师："当然可以了。比如，他（她）可以到广播站里做播音员，锻炼自己的普通话，或者参加学生会，锻炼自己的组织才能、领导才能。我见过很多这样的同学——他们的专业课、文化课成绩都不太好，但是在学生会里任劳任怨，有较好的人际协调能力，最后找的工作也不错。如果广播站和学生会他都不适合干的话，还可以和张虹一样，利用周末去做志愿者。"

学生4："做志愿者也可以有长进吗？"

老师："当然了。我以前的很多学生，周一到周五在学校学习，周末就去做志愿者，把自己一周所学的东西转眼就教给那些小朋友。这不仅仅是'温故而知新'的过程，这样的善举还会赢得小朋友家长的赞赏，如此同学们就在无形中增强了自信心，锻炼了组织课堂的能力。这才是真正的成长呢！"

学生5："为什么这才是真正的成长？"

老师："因为很多用人单位最看中的不是'才'，而是品德。做志愿者的同学一般都乐于奉献，善于合作，不斤斤计较，这是最受用人单位欢迎的品质。这种品质的养成，当然是真正的成长了。"

学生纷纷："谢谢老师，我们明白了。"

老师："现在，让我们总结一下，职业学校的课业和初中的课业有什么不同？"

学生1："职业学校的学生很忙，而且多是自己找事做。比如，参加各种各样的社团，老师都很支持，而且认为这也是学习、成长很重要的内容。"

学生2："就是自己不找事做，我们的作业也很多，绘画、弹琴、跳舞、唱歌……都需要时间练习。"

学生3："是啊，真的感觉现在生活好忙，应该学会合理安排自己的时间。"

老师："说到合理安排时间，我有一个建议。你可以把自己每天要做的事分为四类：重要而紧急的事、重要但不紧急的事、不重要但紧急的事、既不重要又不紧急的事。同学们说，我们应该先做哪一类事？"

学生纷纷："先挑重要而紧急的事情做。"

老师："比如，明天考试钢琴，而你现在还不会弹曲子，这就是重要又紧急的事情，你要快点去做。再如，你现在很饿，半小时后就要上课，那么吃饭就是重要而紧急的事情。接着要做什么？"

学生："不重要但紧急的事情。"

老师："然后呢？"

学生："做重要但不紧急的事情。"

老师："对！一旦感觉自己有点空闲，就一定要去做重要但不紧急的事情。因为这些事情你不做，总有一天会变成重要又紧急的事情，到那时，我们就被动了。对于既不重要又不紧急的事情，我们该怎么办？"

学生："尽量不做。"

老师："你们能谈谈什么事情是既不重要又不紧急的吗？"

学生1："比如聊天、发呆。"

学生2："还有浏览网页、玩游戏、看电视等。"

老师："对，很多时候，我们的时间就是被这些既不重要又不紧急的事情占用，导致作业完不成、活动参加不了。刚才我们在幻灯片里看到的张虹很忙，没有玩耍的时间，其实她虽然很忙，但很值得。"

第三乐章：简述本学期的技能竞赛

老师："明白了职业学校课业和初中课业的异同，我想，我们很有必要了解一下职业学校的考试、竞赛方式。同学们，初中的考试都是怎样进行的？"

学生纷纷："在教室里，进行书面考试。"

老师："你们认为在我们学校考试应该怎样进行？"

学生1："语文、数学、英语等基础课还是要在教室里进行书面考试吧！"

老师："是的。但是对于舞蹈、声乐、美术、钢琴等技能课呢？我们应该怎么考试？"

学生愣愣地不作声。

老师："在这些技能考试里，美术是在教室里画画，或者根据平时的作业打分；舞蹈可以分组跳舞，每个同学身上戴一个号码，老师会为你们每个人打分；声乐和钢琴却是要一个一个地单独唱或弹琴，绝无滥竽充数的可能。对于视唱，还要抽签考试。也就是说，老师把所有学过的视唱标上签，到时候你抽着哪一条，就唱哪一条，老师会给你们打分。"

学生："哇——这么难啊！"

老师："只要你们用心学、好好学，就不难。除此之外，我们还有一个讲故事比赛，其实是将一些小故事编成了情景剧，比如《狐狸和农夫》，有人扮演狐狸，有人扮演农夫，有人扮演白菜，有人扮演鸡等，主要是锻炼同学们的胆量，增加你们的舞台经验。"

学生："这还挺有意思的。"

老师："是啊！这是本学期我们要进行的考试和竞赛。你们在这里学习两年，去实习之前，必须会弹唱100首儿歌，会跳50支幼儿舞蹈，掌握简笔画、水粉、素描等知识，再学会做各种手工，否则是难以拿到毕业证的……总之，同学们，不要以为来到职业学校就是混日子。你们要学的东西多不多？"

学生："多！"

老师："你们喜欢不喜欢这样的课业学习？"

学生："喜欢！因为既能动手又能动脑。"

老师："那么，今天晚上让我们好好思索一下，以后的课程应该怎么学习，时间应该怎么安排。路漫漫其修远兮，我与你们将上下而求索。敢问路在何方？"

学生："路在脚下。"

【班会总结】

每次带新生班级，我都会遇到一些不能适应职业学校学习方式的学生。他们要么习惯于以前的文字学习、思维方式，不知道专业课需要的是动手、动脑、勤练；要么感觉参加学校的一些社团活动是浪费时间；要么因某一门专业课的成绩不理想而妄自菲薄。因此，我总会在新生入学一个月后召开这样一个班会，讨论学习方法、考试方式，同时激起学生的学习兴趣，并告知他们实习前应该达到的专业水平。这时班级里有一部分学生已经掌握了职业学校学习的特点，因此讨论时气氛较活跃。

不过，职业学校每个专业的学习情况都不一样。比如电子专业、服装专业、旅游专业等，其专业课的学习方法和要求都各不相同，班主任应该详细了解所带班级的课程学习方法，并带领学生认真总结。

> **操作提示**
>
> 1. 认真了解班级的学生在课业学习中存在哪些问题和困惑。
> 2. 找一些已经适应了中职学习方式的学生,让他们在班会前就做好发言的准备。

五、改变不良习惯

远离香烟,拥抱健康

【推荐理由】

1. 也许是为了显示自己的个性,也许是因为青春叛逆,或者是为了表示自己已经成年,中职生里抽烟的人很多。班主任应该怎样引导?本节班会给我们做了示范,值得学习。

2. 本节班会收集了大量资料,可以与老师们共享。

【适用年级】中职一年级

【班会背景】

那天下课铃一响,小高就呼朋引伴:"走、走、走,同去厕所,我请客……"

我很纳闷,小声嘀咕:"去厕所还请什么客?"却见有女生捂着嘴笑。询问下来才知道,小高是请男生去厕所抽烟……

此类撺掇别人违纪的事例绝不在少数。回想一下,我所带的每个班级里,总有几个调皮捣蛋的学生,有意无意地要和班级积极向上的舆论唱反调。当老师批评他们的时候,他们还表现出一副无辜的真诚模样,似乎不明白自己究竟犯了什么错。

我该怎样让这些孩子明白自己的行为有多么不妥呢?

再调查下去，竟然发现有的女生也抽烟。于是，我决定召开"远离香烟，拥抱健康"主题班会。

【班会目的】

1. 希望班里爱抽烟的学生不要撺掇别人抽烟。
2. 让学生知道抽烟的危害。
3. 引导学生探讨戒烟的正确方法。

【重点难点】

1. 了解抽烟对健康的危害。
2. 探讨戒烟的有效方法。

【设计思路】

1. 巧用故事讽谏。
2. 展示有关抽烟危害的图片。
3. 了解吸烟对自己、他人和社会的危害。
4. 戒烟建议。
5. 小活动。

【班会实录】

第一乐章：巧言讽谏

上课铃响后，我说："同学们，今天我们开班会。在班会开始之前，我要给大家讲一个故事——"

从前，有一个和尚和一个屠夫是邻居，他们都很勤奋。和尚每天都要早起念经，屠夫每天都要辛勤地杀生。后来，和尚和屠夫商量，每天早上谁先醒来，谁就呼唤另一个起床。从此，和尚若醒得早，就叫屠夫起床；屠夫若醒得早，就叫和尚起床。多年后，和尚和屠夫都去世了，令人意外的是，和尚入了地狱，而屠夫却上了天堂。和尚感觉很不公平，找佛祖讨说法："我每天念经，屠夫每天都杀生，为什么最后我下了地狱，而屠夫却上了天堂？"

佛祖说："是啊！这么多年来，你想想自己每天醒来后第一件事情是做什么。

你是叫屠夫去杀生！而屠夫每天早上醒来后第一件事情是做什么？他是叫你去念经。所以，屠夫上了天堂，而你下了地狱……"

学生哄然而笑。

我说："这个故事说明了什么？"

有快嘴的女生笑着回答："你撺掇别人做坏事，比自己亲自做坏事还要可恶！何况你自己也做了坏事！"

我也笑说："咱们现实中有这样的人、这样的事吗？"

学生纷纷说："有！"

我问："谁来举例说明？"

学生笑着摇头不说。

我说："你们不说，我要说了啊！比如，我上高中的时候，有个同学周一不想上早操，周日晚上她就说：'明天早上谁五点半起床谁就是猪……'"

学生又一次哄堂大笑："老师，我们寝室里也有人这样说。"

我笑说："撺掇别人违纪，罪加一等！"

几个学生指着一个顽皮的学生笑说："呵呵！罪加一等，该下地狱！"这个顽皮的学生也跟着笑。

我又说："我上学的时候，还有同学喜欢当红娘。他自己谈恋爱也就罢了，竟然给人家牵线搭桥。"

学生又笑，指着另一个学生说："你！自己谈就算了，还给人家牵线搭桥。"被指的学生也红着脸笑，我明知故问地加了一句："咱们班也有这样的同学吗？那我们欢迎对号入座啊！"

笑声中，有人说："对了老师，咱们班还有人因为他自己想抽烟，就撺掇身边的同学跟自己一起去厕所抽烟。其实，别的同学本来不想抽的……"终于进入要谈论的话题了。我问："真的吗？这可真是大千世界无奇不有啊！竟然有人喜欢厕所的味道？这真是个很奇特的爱好。"

小高知道我在说他，红着脸说："老师，以后我不会再这样了……"

我说:"你知道吸烟的危害吗?"

小高不说话。我知道的班级里爱抽烟的学生都不作声。反对抽烟的女生却积极呼唤:"老师,您讲一讲。"

我说:"不用我讲,今天我们召开'远离香烟,拥抱健康'的班会,影巧和小雨已经准备好了课件。我们掌声有请这两个同学上场……"

第二乐章:抽烟的危害

主持人影巧说:"同学们好!为了召开这次班会,我和小雨在李老师的指导下,查阅了很多资料。现在我只想告诉大家:倘若有人请我抽烟,我是绝对要生气的。因为抽烟的危害实在太大了,让别人吸二手烟,就是杀人;自己抽烟,就是慢性自杀。"

主持人小雨说:"是的,而且我看了一些抽烟的实验后,感觉真的很恶心。"

影巧说:"现在,我们就把查到的资料展示给同学们看。"

第一张图片,是用燃烧的香烟堆成的"生命"二字。

影巧问:"同学们看到这个,有什么感想?"

对香烟最反感的转红说:"我想到的是,抽烟就是在燃烧生命。"

萌萌说:"白色的香烟配着黑色的背景,让人感觉好可怕!"

小雨说:"是的,当同学们想抽烟的时候,不妨想一想这张图片。"

第二张图片展示的是一张白色的纸片做的肺,被火柴点燃了。

同学们纷纷发言,说:"抽烟就等于是在燃烧自己的肺。"

第三张图片展示的是两片红红的嘴唇中间,塞满了黑乎乎的烟头。

学生纷纷说:"好脏!好恶心!"

第四张图片展示的是一根上吊的绳子上挂着一根香烟。

同学们说:"抽烟就等于上吊。"

第五张图片展示的是抽烟的人在一个陷阱里面,陷阱外面的人对他们指指点点。

影巧问这是什么意思。

小蕊说:"抽烟的人人缘不好。因为我们都不喜欢吸二手烟。"

后面还有很多图片,比如抽烟时袅袅升起的烟,形成了一个骷髅等。

最后小雨再次问:"看了这些图片,同学们想到了什么?"

反对抽烟的学生齐声回答,"抽烟就是不珍惜自己的生命,是慢性自杀""让别人吸二手烟,就等于杀人,我们会奋起而反抗"。

影巧说:"同学们说得太好了。下面,我们首先谈谈抽烟对个人的危害,让我们用科学实验说话。请同学们看看香烟点燃后的烟雾充入水里,水会变成什么颜色。"

主持人播放视频。香烟的烟雾放到水中后,水由黄变黑,最后变成黏黏的、黑黑的固体。

女生们再次大叫:"恶心!"

影巧说:"看完实验,请同学们谈谈抽烟对抽烟者自己的危害。"

小雨说:"想一想,如果我们抽烟,这些黑乎乎的、黏黏的东西,岂不是要附着在我们的肺部?"

转红说:"抽烟对女孩子的健康、美貌、气味、发育、后代等,都有危害。健康就不说了,刚才的图片大家都已经看到了。但抽烟为什么会影响美貌呢?你想想,你整天抽烟,牙齿会变黄变黑,多难看。人家女孩子呼气如兰,而抽烟的人呢?一身烟味儿。最主要的是,女人抽烟对后代不好。而且,经常抽烟的人,嘴角的纹路会特别明显,很显老。"

这时,爱抽烟的古莲将书"啪"地向书桌上一放,同时表情上写满了反对。

我说:"你才十五六岁,当然没有皱纹了,但是到了二十五六岁呢?三十五六岁呢?恐怕就难说了。"

古莲这时才不作声。

小雨说:"现在,让我们看一下一支香烟的成分有哪些。"

主持人播放幻灯片。

> 萘——樟脑丸中的致命成分
> 氨——用于生产地板清洁剂
> 砒霜——剧毒
> 丙酮——吸后可引起头痛、支气管炎
> 尼古丁——对神经系统产生影响
> 氰化氢——主要引起机体组织内窒息
> 一氧化碳——有害气体
> 其他有害成分：
> 烟焦油——含有致癌物质
> 放射性物质——钋、镭等
> 有害金属——砷、汞等
> 刺激性物质——甲醛等
> ……

不抽烟的学生大声阅读，抽烟的学生看着不说话，有的人羞惭地低下了头。

小雨说："再让我们看看抽烟者的肺和正常人的肺有什么不同。"

图片显示，正常人的肺是鲜红的，吸烟人的肺却是乌黑的。

影巧说："讨论完抽烟对自己的危害，让我们再看看吸烟对他人的危害。"

对于这一点，学生发言非常积极，因为班里抽烟的人毕竟是少数，多数学生是反对抽烟的。而那些抽烟的学生，竟然也参与到发言中来，诉说抽烟对他人的危害。爱抽烟的馨儿甚至谈到了自己父亲的死亡，在馨儿3岁的时候，其父母抽烟导致火灾，她的父亲被活活烧死在床上。

但是，馨儿和她妈妈现在竟然还在抽烟。

馨儿发言完毕，气氛已经非常热烈，全班同学一起阅读课件上的字："拒绝二手烟，让肺自由呼吸。"

影巧说："现在让我们讨论吸烟对社会的危害。"

对于这一点学生发言也很积极,举出了很多例子。

课件展示图片:烟头导致仓库失火,经济损失惨重;1987年大兴安岭火灾死亡91人,伤221人;1994年11月27日,辽宁省阜新市"艺苑"歌舞厅发生特大火灾伤亡事故,死亡233人等。

小雨说:"抽烟真是害人害己。但是,很多同学已经有了烟瘾,让我们今天帮助他们想一想,如何戒烟。"

第三乐章:戒烟建议

影巧说:"根据我们在网上查阅的资料,首先是意识上的建议。"

主持人播放幻灯片,学生一起阅读。

> 1. 思考自己为什么吸烟、为什么戒烟。
> 2. 经常思考烟雾中的毒素可能对肺、肾等造成的危害。(影巧在这里补充说:"我建议有烟瘾的同学把我们的课件好好学习一下,时不时拿出来温习温习。")
> 3. 考虑一下你的行为对周围其他人造成的危害。如果你想拥有好人缘,最好不要抽烟。

小雨说:"刚才我们已经知道了对戒烟者意识上的建议。那么,我们在行动上该怎么做呢?谁来谈一谈?"

赵维说:"我听说,短期内大量吸烟,把自己吸恶心,就好像有的人小时候爱吃肉,一次吃得太多,可能就吃伤了,再也不吃了。这样一次大量抽烟,也可以使自己对烟产生厌恶情绪。"

我给予肯定:"有这样的说法。谢谢你!"

慧成说:"也可以制订减少吸烟的计划。我爸爸是慢慢戒烟的。原先一天抽一包,后来慢慢变成两天抽一包、三天抽一包,现在好几天才抽一包。"

舒鑫说:"还可以在习惯上戒烟。比如尽量不买烟,不随身带烟、火柴或打火机。"

子西当场就把打火机、香烟交给了我。

我说："这是个好办法。我还有一个方法，戒烟的时候，可以尝试嚼口香糖、戒烟糖或者药物等。我记得我父亲戒烟的时候，我母亲就为父亲做了好多芝麻煎饼，脆脆的，父亲想抽烟的时候就吃一点。"

小明说："对，我也听说戒烟时可以用这个方法，但不知道是为什么。"

我说："我能找到理论依据。根据弗洛伊德的理论，这是因为抽烟者的口欲期没有发展好，我们在以后的班会上再说。反正你们记住这是戒烟时可以采用的方法就行了。"

影巧最后提醒同学们："记住，别因一次失败，就打消戒烟的念头。对于一个有烟瘾的人来说，戒烟是件大事，是不可能一蹴而就的。"

第四乐章：习惯养成的小活动

小雨说："我们班会的最后一个环节，是一个小活动。首先，伸出你的两个手掌，十个手指自然地交叉在一起，不要松开，不要看别人的动作。看一看，你们哪只手的大拇指在上面。"

学生纷纷笑，有人说自己左手的大拇指在上，有人说右手的大拇指在上。

小雨说："无论你哪只手的大拇指在上，我们都称为习惯性手指交叉。现在，我们再做一次。但是，这次要把大拇指的位置换一下，和刚才的位置相反，比如刚才我的右手的大拇指在上面，这次我就要让左手的大拇指在上面，并且每个手指的位置都要和最开始的位置相反。"

学生纷纷换手。

小雨说："我们这样交叉双手，称之为非习惯性动作。你们感觉怎么样？"

学生纷纷说："这么别扭！"

小雨说："现在，我们要连续做30次各自的非习惯性手指交叉动作。我会给大家数数，我数一次，大家就做一次。注意体会手指的感觉。"

学生边做边说：“这时，双手已经不再感觉别扭了。”

影巧说：“所以，行为习惯可以慢慢改变。有位心理学家指出，21天可以养成一个习惯。抽烟成为习惯，就有了烟瘾。戒烟就是培养自己的新习惯。我们盼望着有烟瘾的同学不但不撺掇别人吸烟，而且自己努力戒烟。”

班会开到这里，有学生提议，让我们举手宣誓：“拒绝二手烟，让肺自由呼吸，从我做起！为了自己和朋友、家人的健康，我决定远离香烟！”

班会在宣誓声中结束。

【班会总结】

这是中职生入学以来，第一次由学生做主持人召开班会。"远离香烟，拥抱健康"这个主题非常鲜明，方向很明确，就是要学生知道抽烟对自己、对他人、对社会的危害，知道如何有效地戒烟。这样的班会很适合学生自己找资料、自己讨论、演讲。只有碰到学生难以掌控的话题，教师才需要站出来引导。从这个层面上讲，本节班会让学生做主持人是非常明智的，充分发挥了学生的主体性和能动性。

班会中播放的让香烟的烟雾溶入水的小实验，最终显示的是一块黑乎乎、黏糊糊的固体，看着很恶心，对学生的启发也很大。有部分学生本身就没有烟瘾，说自己今后再也不抽烟了。而其他本来就不抽烟的学生，更加旗帜鲜明地反对二手烟。那些爱抽烟的学生，也表示要努力戒烟。由此可见，这个班会是相当成功的。

【操作提示】

1. 指导学生确定班会的内容，避免学生在准备过程中抓不住重点和头绪。

2. 指导学生自己上网查找有关吸烟危害的信息及对戒烟的各种建议。

3. 当课件做好后，可以先让主持人在教师面前大致地讲一遍。对于学生表现好的地方，教师要大力表扬；对于学生表现不太好的地方，教师要委婉地指出，并帮助他们提高。

六、班级活动成功后的总结班会

而今迈步从头越

【推荐理由】

1. 组织一个班级活动，绝不是成功后就万事大吉了。我们还需要专门组织班会再做总结，以便在以后的日子里取得更大的成绩。但是，如何在班级活动后组织班会是很多班主任比较困惑的事情。这节班会为我们提供了很好的借鉴。

2. 很多教师在听过专家讲座后，都感到很奇怪：为什么一些"问题学生"到了这些优秀班主任的班级里，就会有很大进步，并积极和老师配合？本节班会用事实向老师们做了解答。

【适用年级】中职一年级

【班会背景】

2008年元旦文艺晚会，对我所带的学前教育专业学生，是一个极好的锻炼机会。我们班虽然是一年级，却从两个月前就开始做准备了。为了让所有学生都得到锻炼，我精心挑选着节目，积极示范着动作，真可谓台上三分钟，台下十年功。我们班一共有三个节目，这对一年级新生来讲，已经很不容易了。姑娘们花枝招展地在舞台上秀着自己，大冬天光着胳膊在舞台上跳舞、歌唱，竟然也不觉得冷。

晚会上表现最好的是小丽。这是一个一出生就被亲生父母遗弃的孩子，却也没有跟随养母长大，而是和婶子——养母的妯娌——接触比较多。小丽自小就开始寄宿。开学初，她总是敏感而自卑，依赖心极重。可以看出来，她的养父母对她很娇惯。多亏了寝室里的美玲一身正气，年龄较大，对她起了很积极的影响。这一次，她演的是小品《踏雪寻梅》里的小丑，非常出彩，赢得了观众的阵阵掌声。我相信，她在我们班已经找到了温暖，找到了努力的方向,以后她的进步会越来越大的。

我要强化小丽在晚会中获得的自信,就必须在晚会后的总结班会里对她提出表扬。

晚会上我最担心的孩子是沁芳。她是带着一身病入学的。因为家庭变故,沁芳在暑假里得了"青春期精神分裂症",不搭理任何人,自己却常常对着一面墙壁发笑。来到我们班的时候,她的病还没有痊愈,无论做什么事情都比别人慢好几拍。有时候我叫她好几声,她总是愣愣的,不搭理我,等我无比尴尬地对着她笑,她才惊醒似的看我、应答。由于她比别人反应慢,我们班曾被无数次扣分,一开始同学们对她不满,等了解了她的身体状况后,也就容忍了。沁芳反应慢,音乐感觉却极好,钢琴成绩尤其出色。这次表演小品《踏雪寻梅》需要一个伴奏,同学们一致推选沁芳。负责组织晚会的老师临上场时为了一点小事要批评沁芳,我急忙偷偷阻止,她因此了解了沁芳的病情,无比担忧,害怕沁芳在该弹奏的时候反应慢,耽误歌唱,影响小品的进程,要求我承担伴奏任务,并说:"你要锻炼学生,可以在私下里锻炼。这么大的场面,万一她演砸了,可怎么办?"我转头去看沁芳,她正满怀期待地准备着,于是当机立断:"放心!给她一次机会,对她的病情会有很大的好处。她若是演砸了,我去找领导解释。"

沁芳这次在舞台上的表现相当出色,在我们的小品前面的一个节目表演时,沁芳就蹲到了舞台下(电子琴在舞台上放着),陪伴着她的,是我班一对双胞胎里的姐姐宝宝。整个演出中,沁芳没有出一点差错。演出结束,我和她同时激动得脸都发红了。

哦!沁芳,好孩子!下次若有机会,老师还会让你上。

一直在演出前紧紧拉着沁芳的手,安慰她、陪伴她的是宝宝。这个双胞胎里的姐姐,在军训的时候还因为任性和我闹过冲突,当时把我气坏了。她后来又因为对美玲当班长不服,自己当了一个星期的班长,切实体会到了当班长的不容易。从那时起,她参加班级活动就非常积极,也能顾全大局。这次排练小品,本来她也是"蝴蝶组合"里的演员,但因为自己的个子比甜甜和方圆矮，被小庆替换下来了。不料小庆唱歌时竟然跑调，这时离演出时间已近，来不及换人，于是决定让声乐最好、个子却矮的婷婷在幕后替小庆唱，小庆在歌唱时只张嘴，不发声。如此，大家竟然都没有意见。全是为了我们的节目好嘛！这实在不能不让我惊叹：都说女孩子心眼小，我也一直认为她们心胸不宽广，但看看宝宝、婷婷和小庆的做派，只怕有的男生也未必能做到呢！

有生如此，夫复何忧？虽然晚会结束了，但是我要强化学生这种种好的习惯，于是总结班会势在必行。

【班会目的】

1．思索晚会成功的原因，为以后的学习总结经验。

2．强化小丽、沁芳等学生在晚会上的自信、乐观，为她们的成长喝彩。

3．让宝宝等平时比较淘气的学生明白，她们的点滴进步，老师都看在眼里。

4．培养学生的自立精神。

5．强化学生的合作能力。

【课前准备】

1．教师平时排练节目积极认真，临到彩排，却要学会放手，好让学生得到锻炼。

2．留心学生在元旦晚会上的表现，并及时拍摄照片。

【重点难点】

1．总结出晚会成功的原因。

2．引导学生明白什么是真正的师爱，理解老师，进一步明白自己应如何自立。

【设计思路】

1．让学生评价自己班的节目是否成功，找出成功的原因。

2．表扬沁芳、宝宝等学生的出色表现。

3．表扬婷婷等学生的合作精神。

4．引导学生理解老师，明白如何培养自己的自立精神。

【班会实录】

今天是 2008 年第一次上课。早会时间，我带学生评估、总结元旦文艺会演。

我一向认为，班级活动完成绝不意味着结束。对活动的评估和拓展，甚至比活动过程还重要。否则，学生玩也就玩过了，不会有人思索那么多，很多学生都不会从中得到特别有价值的经验或教训。

我提出的第一个问题是：我们班的节目成功吗？

毫无疑问，大家都回答"非常成功"。

我说："能否用事实做论据？"

婷婷说："我今天到语文老师的办公室，听到他们在议论，说他们的头脑里一整天都回响着我们的班歌：'我们是 07 幼（1）的薰衣草……'"

莎莎说："电子班的学生感兴趣的不是我们的班歌，而是《踏雪寻梅》里的'响叮当、响叮当、响叮当'……"

晓晴说："小丽这次成了学校的名人了，她走到哪里都有人对她笑。"

同学们纷纷笑，小丽也红着脸笑。

我故作惊喜地问："是吗？小丽，你好棒啊！你进步真大！相信你以后会更加优秀的。让我们为小丽的进步鼓掌喝彩！"

热烈的掌声落下后，我接着又问同学们："咱们是从什么时候开始做准备的？"

学生答："两个月前。"

我问："这说明了什么？"

美玲说："充分的准备是成功的前提。"

婷婷说："我们若不付出，就不可能有回报。"

学生纷纷点头。

我的第二个问题是："在会演过程中，你看到了什么让人感动的事情？"

学生一开始很迷茫，后来，琳琳说："咱们班的学生都很守时，说什么时候集合，就能什么时候集合。"

甜甜说："这么冷的天，我们露着胳膊在舞台上跳舞、歌唱，但没有一个同学退却。"

我点头，说："好！让我们为自己鼓掌。"

热烈的掌声再次响起来，我继续问："还有什么让人感动的事情吗？"

学生认真想了想，有人说："没有了啊！"

我点头说："我倒观察到几点。请大家看我在晚会演出时拍摄的照片。"我首先播放的是沁芳投入地弹琴的照片，同学们马上恍然大悟，纷纷发言："沁芳特别上心，在小品演出前就在台下等待了。"

我说："是啊！沁芳表现得特别出色，最让我感动的是她的责任心。快到沁芳伴奏的时候，她竟然蹲在舞台下，因为她害怕自己站起来会影响别人看演出。"

同学们都纷纷看着沁芳，沁芳笑着涨红了脸。我继续说："你们知道当时陪伴沁芳的是谁吗？"大家茫然地摇头，我又播放一张照片，在这张照片里，宝宝和沁芳蹲在舞台下，舞台上的演员们只露出了几双脚。

同学们齐声喊："是宝宝！"

我说："是啊！是那个曾经很任性的宝宝，现在她非常懂事。本来小品里有她的角色，结果被刷掉了。但她没有丝毫不满，依然关注着班级，关注着我们的节目。最为难得的是，她当时忍受着病痛，因为胃疼，她已经有好几天没有好好吃饭了。这样的学生，确实让我感动。难道你们不感动吗？"

大家主动鼓起掌来。

掌声落下后，我继续说："在咱们班，最让我欣慰的就是大家都有宽广的胸怀。还有小庆，她唱歌容易跑调，婷婷就在幕后为她伴唱。这说明了什么？"

小涛说："同学们在当时根本就不想着自己的利益，我们只有一个目标——让节目更精彩些，让每个人的优势都尽可能地发挥出来。"

我点头："是的。我希望我们班永远都能这样积极向上，同学们永远都能这样宽厚善良、乐于合作。"

其实，这是我在强化学生服务班级、服务他人的意识，同时又给了大家一个好的标签——我们的心胸很开阔。

接着，我说："大家感觉咱们还有没有什么不足的地方？"

学生愣着，不知道怎么回答。她们是真的没有认真观察。我提示说："咱们的舞台妆化得怎么样？"

学生一听，才恍然大悟："我们不该用粉色眼影，我们的妆太淡了。"

我说："还记得吗？你们去买化妆品的时候，我就给你们建议，蓝色眼影上舞台最有效果，你们偏偏不听。我只好任你们买粉色眼影。这就叫'不听老人言，吃亏在眼前'。"

学生都笑："那您当时怎么不强迫我们听您的？"

我惊笑道："我强迫你们？我能事事强迫你们吗？那岂不是要激起你们的逆反心理？这样的傻事我才不做呢。但通过这样的事情你们要相信，老师给你们的建议在多数情况下是有价值的。以后，在小事上我还是只提建议，你们若不听，就只能接受教训了。好在这教训也不严重。但在大事上，比如你们要跳楼、要旷课、要玩失踪，我就要强迫了。"

大家开始嘻嘻哈哈地笑，我转向了对自己的评价："演出的前一天彩排，恰好是星期天，我没有到学校看你们排练。"

学生一听，纷纷埋怨说："是啊！老师您怎么没有来？有的班老师都在。"

我很认真地问班长美玲："那天我没到场，咱们班的同学听话吗？"

美玲说："大家都很自觉，很有秩序。"

我点头说："可见，你们离开我也能办成事嘛！以后凡是你们能干好的事情，我绝对不替你们干，我不会一步不落地看着你们的。"

学生不作声，瞪着大眼睛看着我发愣。我说："大家也许会感觉我不太负责。那么，真正负责任的老师是什么样子的呢？"我随手翻起了李镇西老师撰写的《做最好的班主任》一书，这是我昨天就准备好要读给大家听的。我当然可以把这些话变成自己的语言讲出来，但那样做说服力就不够强了，还很可能激起学生的反感。

有两类班主任，一类是整天都守着学生——早操、早读、课间操、午休、做清洁卫生、晚自习，一直到寝室熄灯，班主任都辛辛苦苦地陪伴着学生。这样的班主任是不是负责任的老师？还有一类班主任，并不时时刻刻守候着学生，而是着力培养学生的自律和自理能力，他并不时时出现在教室里或操场上，但班上的纪律很不错。这样的班主任又是不是负责任的老师呢？

从表面看，这两类班主任都是对学生负责。其实，我认为第一类班主任只能说是工作态度端正，却很难说是对学生真正负责。因为学生离不开老师的守候。一旦没有了老师，学生就乱成一团糟，毫无自律意识和自我管理的能力，当着老师一套，背着老师又是一套，渐渐形成双重性人格，长大之后他们将如何对待他人、对待社会，他们是否会真的有出息，令人担忧。培养出这样永远离不开别人监督的学生，这样的老师能说是负责任吗？

而第二类班主任，虽然没有随时守着学生，但无论是自习课纪律，还是清洁区卫生，或者说参加学校运动会、文艺表演等各种活动，学生都能够做到老师在与不在一个样，做到为班级争光。这样的班主任，未必事必躬亲，似乎还很轻松，但我认为他们是真正负责任的老师。因为他们培养了学生自我教育和管理自己的能力。这种能力将让学生终身受益……

最后，我笑道："你们听见了，这可不是我的话，这是大教育家的话。今天我给大家讲这些话，只是想让同学们了解我的教育思路和方法，并支持我。苏霍姆林斯基，就是我前段时间为你们读他给女儿的信的那个苏联教育家也曾说：真正的教育，是自我教育。"

学生纷纷点头，我却依然不放心，怕她们不理解我，反而说我为自己的"不负责"找理由。我又回忆说："你们可记得，咱们班刚刚成立的时候，我每个星期天晚上都来看大家？"

同学们点头。

我又问："可记得那时我每天早上来到学校，教室里还没有几个人？"学生依然点头。我说："为什么当时我看你们看得那么紧？因为那时我们的规矩还没有形成。而现在，大家基本上都有了良好的行为习惯，有了很强的规则意识，我就可以适当地放松一下，读一些书，提高一下教育艺术了。同学们能理解吗？"

学生很洪亮地回答："能理解。"

我笑道："彩排那天我没有来，你们还发生什么差错没有？"

有人说："老师，同学们那天走得匆忙，忘记带电子琴过去了。后来，我们几个人又马上跑回来一趟。咱们以后再也不能这样丢三落四了。"

我点头赞道："好！幸亏那天我没来，否则，肯定是我亲自跑来背电子琴。咱们中国有个大教育家陶行知曾说：'我们老师为学生做的事体越多，越是害学生。'"

学生瞪大着眼睛，显然不明白。我说："我们学习知识，可以分为两种：一种是掌握知识，也就是从别人那里接受知识，是被动的；另一种是'触摸知识'，也就是遇到一个问题，自己能够想办法去解决，这就增长了一些经验，是主动的。问题解决越多，经验就越丰富。若是我代你们解决问题，纵然问题暂时解决了，经验却被我拿去了。即使你们后来从我这里掌握了这一经验，也多少带些纸上谈兵的味道。最终，我这个班主任解决问题的能力很高，学生的能力却一般。这不是我们所期望的。"

学生纷纷回答："老师，我们支持您……"

【班会总结】

人们说："医生越老越吃香，而教师却是越老越不值钱。"因为医生凭的是技术，而教师拼的是体力。随着年龄的增长，教师的体力越来越差，若不想着提高教学技术，依然一刻不停地陪伴着学生，或者说监督着学生，那就是消耗、燃烧自己，会越来越感觉力不从心。

而教师自己要想从琐碎的事体中解脱出来，没有学生的理解和支持，一切都将成为空谈。

因此，这节班会课的成功之处不仅仅在于强化了学生宽广的胸怀、积极的心态、自立能力以及对淘气学生的积极关注等，还有很重要的一点，那就是引导学生和教师的教育观达成一致。

操作提示

1. 对于晚会中涌现出的各种好事和不足，教师应该保持足够的敏感，总结经验，吸取教训。

2. 教师若要让学生切实理解自己，必须与学生统一教育观。若要统一教育观，仅仅凭自己的语言力度是不够的，应该借用一些全国乃至全世界的优秀教师的观点。

第二学期
修炼个人好品德

　　经过一个学期的中职校园生活,学生已经熟悉了专业课、文化课的学习方法,对学校周边环境也有了一定的了解,认识了本班的、外班的很多朋友,他们似乎感觉羽翼已丰满,开始有意无意地挑战校规、校纪及教师的权威。

　　因此,良好的行为习惯养成教育,在本学期显得非常重要。

　　我为第二学期挑选了"感恩教育——绿叶对根的情意""礼仪教育——做人见人爱的中职生""挫折教育——酸甜苦辣都是歌""安全教育——安全陪伴你我他""爱情教育——春的絮语""健康教育——呵护花儿一般的身体"等班会,从学生的内心世界,到外部行为,循循善诱,层层递进,让学生明白什么是可以做的,什么是不能做的,让他们明白如何去适应这个讲究秩序的社会。

　　这一学期,学生逐渐变得沉稳、有个性,班级也逐渐变得成熟、有魅力。好班和差班,平庸和卓越,第二学期是分水岭。第二学期学生若都能养成感恩习惯,明白了行为礼仪,知道了事情轻重,自然就会热爱学习。

　　在放手中引导,在引导中放手,是这一学期主题班会的关键词。

一、感恩教育

绿叶对根的情意

【推荐理由】

1. 也许因为在初中文化课成绩不佳,也许因为学生在青春期过于叛逆,很多中职生对以前的老师印象不佳。进入职业学校一个多学期,经过老师手把手地辅导专业课、面对面地交流心里话，他们对老师的好感大增。但是，好感归好感，学生不知道如何尊重老师、感恩生活。对此，很多班主任深感困惑。本节班会做了很好的尝试，为广大教师提供了思路。

2．本节班会深深打动了学生，使他们学会了与老师做换位思考，值得一线班主任借鉴。

【适用年级】中职一年级

【班会背景】

我一直相信，中职生的本质是积极、向上、向善的，只是因为学习习惯不好，才导致文化课成绩不佳。来到职业学校后，因为有专业课，学生可以充分发挥自己动手能力强的优势。他们在老师的潜心指导下一天天地进步。但是，他们不知道感恩老师的方式。他们不知道上课认真听讲就是对老师最大的尊重。他们不明白接纳老师的授课方式是双赢的事情。

为了师生关系更加和谐，为了学生更大的进步，我策划组织了这一班会。

【班会目的】

1．引导学生体会老师对学生的教育之恩。

2．通过召开本次班会，让学生理解老师、尊敬老师、感恩老师。

3．让学生学会感恩老师的正确方法，体会常怀感恩之心的快乐。

【重点难点】

体会老师为学生成长而付出的不容易，学会体谅老师、认真学习。

【课前准备】

1．收集学生在尊师方面存在的问题。

2．学习献给老师的舞蹈、歌曲。

【设计思路】

1．讨论现实中不尊重老师的行为。

2．你对老师知多少？

3．思索如何和老师一起成长。

4．进行尊师知识竞赛。

5．为老师找优点，并写到卡片上送给老师。

【班会实录】

班会开始，先播放歌曲《我爱米兰》，学生跟着轻声歌唱。因为所带的班级是学前教育专业，老师便提前安排了8个学生伴舞（其他专业的学生可以只欣赏、跟唱这首歌）。

欣赏完毕，老师问："同学们回想一下，你是什么时候知道这首歌的？"

学生纷纷回答："小学（或初中，有的学生说在幼儿园时就知道了）。"

老师："原来大家对这首歌这么熟悉啊！我想问，这首歌的主题是什么？"

学生："是讲学生爱老师的。"

老师："听了这首歌，你有什么感想？"

学生自由回答。（略）

老师小结："这是一首我们在小学就学过的歌曲，从成为小学生的那一天开始，家长、学校乃至整个社会都告诉我们，要热爱老师、感谢老师、体谅老师。曾有一个时期，在座的同学们都做到了这些。但是，随着时间的推移、年龄的增长，不知从何时起，同学们开始不再信服老师。现在，让我们看一下以下行为算不算尊敬老师。"

第一乐章：不尊重老师的行为有哪些？

学生甲和学生乙表演小品，同时学生丙旁白："有一天，老师在上课，学生小甲却在睡觉。老师走过去轻轻拍了一下小甲的肩膀，小甲被惊醒，发怒道：'干什么？干什么打老子……'"

老师根据情景提问："老师该不该叫醒上课睡觉的学生？"

学生纷纷："当然应该叫醒睡觉的学生了。这样才是对学生负责嘛！"

老师："小甲那样发怒，算不算尊重老师？"

学生："不算。"

老师："不尊重老师的行为包括哪些？在我们班有这样的现象吗？"

学生讨论，自由回答。（略）

老师用课件提示。

> 不尊重老师的行为包括：上课睡觉、玩手机，在课堂上发呆、窃窃私语，违反纪律还顶撞老师，在背后给老师起外号，丑化老师、辱骂老师、顶撞老师等。

老师小结："其实很多时候，老师就像一只河蚌，而同学们便是蚌里的沙粒；正是河蚌用爱不住地舔舐它，磨砺它，浸润它，洗练它……经年累月，沙粒才变为珍珠，光彩熠熠。假如老师在课堂上不对同学们进行思想的滋润，假如老师看到你们违纪却不闻不问，那才是对你们的不负责任呢！所以，尊重老师，就应该理解老师；尊重老师，就应该认真听讲……"

第二乐章：你对老师知多少？

老师播放歌曲《每当我轻轻走近你窗前》。

老师提问："回想一下，在你以前的学习生活中，是否有某个老师或某些老师让你特别感动？为什么？能否跟大家分享一下？"

学生1："英语课上，老师的嗓子哑了，却还坚持给我们上课。当时我感觉，做个老师真不容易啊！"

学生2："我上小学一年级的时候，有一次我的衣服扣错扣子了，老师发现后，替我扣好了扣子。那时，我觉得老师真的和妈妈一样。"

学生3："我每次看到李老师利用晚上的休息时间给我们写的信，就挺感动的。老师在家里还挂念着我们呢！"

学生4："是啊！老师在为我们班写班级成长日记，这其实是在记录我们的青春，等到20年以后，我们再回过头来看看，多有意思！这些事情不写下来，我们自己都会忘记的。"

学生5："我来到我们学校之后，常常被专业部主任张巧英老师感动。她为了给我们排练舞蹈参加竞赛，经常周末不休息待在学校。有时我们有演出了,她会跑很多地方给我们租衣服。"

学生6:"还有我们的英语老师,她是另一个班的班主任,每天早上到校都很早。她的孩子才5岁,每天和妈妈一起早早起床来到学校,等到同学们上自习稳定了,英语老师才把孩子送往幼儿园。"

学生7:"我很奇怪,为什么老师不早点送孩子上幼儿园呢?她应该先送孩子去幼儿园,然后再进班的。"

学生6:"因为早上7点的时候,幼儿园还没开门呢!"

学生8:"我们的老师真不容易啊!"

……

老师小结:"只要我们留心,就会发现校园里处处都有让同学们感动的老师,只是很多时候,我们熟视无睹罢了。今天我们开这个班会,也是想提醒同学们,从今以后关注一下老师,希望大家能常常站在老师的立场上看问题。但愿我们的师生关系能更和谐。"

接下来,老师请学生欣赏《长大后我就成了你》。(如果班级里没有歌唱得好的同学,可以直接欣赏宋祖英的原唱)

老师根据歌曲提问:"同学们的长辈中可有做老师的?"

学生1:"我奶奶是教师。"

学生2:"我舅舅是教师。"

……

老师:"你能想象到他们和你一样大的时候,是个什么样子吗?(学生纷纷笑,摇头)你知道老师一旦走上讲台,肩上的担子有多重吗?他们是几点上班?几点下班?家里的孩子多大?请同学们把这些故事讲出来,和大家一起分享。"

学生自由发言。(略)

老师小结:"果真是长大后,我成了老师,才知道那块黑板,写下的是真理,擦去的是功利,才知道那支粉笔,画出的是彩虹,洒下的是泪滴。你们总感觉做学生苦,十年寒窗,要起早贪黑地学习,怎知道老师是一辈子要起早贪黑地教学啊！希望大家以后和老师相处的时候，多做换位思考，尊师重教，从体谅老师开始。"

接下来，进行知识抢答。

竞赛规则：分小组竞赛，方式是抢答，每题10分，选出分数最高的小组。

1. 请补充完整：一日为师，_____。

2. 你知道对教师的称谓有哪些吗？

（说出一个得10分，两个得20分，依此类推）

3. 你知道歌颂教师的歌曲有哪些吗？

（说出一首歌的名字得10分，两首得20分，依此类推）

4. "千教万教教人求真；千学万学学做真人。"请问这是哪位学者的至理名言？

　A. 朱自清　　B. 巴金　　C. 老舍　　D. 陶行知

5. "北宋学者杨时尊师好学，一次他和同学去洛阳拜见老师程颐。当时正值三九严寒，天空飘着雪花，来到老师门前，只见老师在打瞌睡，他们不愿打扰，就静静地肃立在门前的雪地里。程颐醒来看到他们，连忙让进厅堂，这时门外的积雪已有一尺多厚。"这个典故被后人称为什么？

6. "是故弟子不必不如师，师不必贤于弟子。"这句话出自谁的作品？

第三乐章：我和老师一起成长

学生表演小品情景剧《怎样的老师最受欢迎？》。

小晴和小莲在课间看课程表。小晴说："今天两节英语课呢！好开心，我每天都想上英语课……"

小莲也很开心，说："嗯，我也喜欢上英语课，我们班的同学都喜欢英语课，因为英语老师多才多艺、活泼开朗……"

老师根据情景提问："你最喜欢的老师是谁？你为什么喜欢他们？"

学生1:"我喜欢语文老师年轻、漂亮。她的衣着很时尚,也很大方得体。"别的学生纷纷点头。

老师:"哦!原来你们喜欢打扮时尚得体的老师。我知道了,以后我会向这个方向努力。还有吗?"

学生3:"我喜欢琴法老师,她的琴声好美啊!"

老师:"是啊!一个老师要想受欢迎,专业基本功一定要过硬。你们将来也是教师,现在一定要好好学习啊!"

学生4:"我喜欢德育老师,他知识渊博,而且很幽默。"

老师:"所有人都喜欢知识渊博并且很幽默的人,所以,我们现在该怎么做?"

学生纷纷:"幽默起来。"

老师:"幽默是一种能力,一种素质,一种生活态度。你们一定要多读书,这样才能幽默。还有呢?"

学生5:"我喜欢数学老师,她对我们像妈妈对孩子一样——虽然我一点也听不懂数学,但我就喜欢她对我们的宽容和理解。"

老师:"是啊!数学老师对同学们真的很有耐心。我听说你们有时候会叫她妈妈,是吗?"

学生点头,微笑。

老师:"总结一下,你理想中的老师是什么样子的?"

学生齐声回答:"像您一样的啊!"

老师脸红了,忙摆手,说:"别逗了!我们继续讨论。"

学生讨论,自由发言。(略)

老师展示PPT。

> 受欢迎的老师应该像母亲一样和蔼可亲，像父亲一样严而有度；像姐姐一样时尚却不失传统，像哥哥一样活泼但有原则。另外，多才多艺、幽默诙谐、有爱心、有责任心、善于励志等，都是学生喜欢的品质。不过，人无完人，同学们不可对老师有过于苛刻的要求。

看完PPT，老师问："如果老师有这样那样的缺点，我们应该怎么做？"学生自由讨论，回答。（略）

老师小结："很多人都说优秀教师可以培养出很多优秀的学生，其实一个优秀的教师也是众多优秀的学生培养的。因为人无完人，每个老师身上都或多或少有这样那样不尽如人意之处，还希望同学们看到老师的优点时能抓住一切机会赞美、鼓励老师，以强化老师的优点，同学们对老师的缺点要尽力避免强调它们，久而久之，老师的优点会越来越突出，缺点会渐渐淡化。在心理学上，这种方法叫'阳性强化法'，它不仅可以帮助教师培养优秀学生，还可以帮助学生培养优秀教师。你们把老师培养得越来越优秀，也是一种对老师的感恩方式。"

第四乐章：我为老师找优点

1. 让学生为每个任课老师找优点，写到一张精美的卡片上。

2. 请说出你最感激的老师的名字和理由（或故事），以及此刻想对老师说的话，并写到卡片上。活动结束后，将两张卡片一起送给该老师。

老师小结："谢谢同学们！感恩是一种处世哲学，感恩也是一种生活智慧，感恩更是学会做人，是成就阳光人生的支点。而且，感恩是相互的，你们对老师的感恩，会鼓励老师更加优秀，老师会把这些感恩的情愫用到课堂上，到那时，我们的课堂将更加生动，我们的人生将更加精彩。"

班会在《绿叶对根的情意》的歌声里结束。

【班会总结】

  我初为人师时,有一次去菜市场买醋,遇到了自己的学生。学生当时惊叹道:"李老师还买醋啊!"这句话让我当时就忍俊不禁,同时想到,学生其实对老师的生活、习惯等都不太了解,甚至认为老师应该不食人间烟火。如此一来,老师若能永远保持自己的完美形象还好,可一旦被学生发现有什么缺点,学生就会将缺点加倍放大。这对老师是不公平的。

  这节班会首先将老师生活的不易展现出来,让学生站在老师的立场上看问题,很多时候,学生是真的误解老师了。其次告诉学生,尊敬老师的真正做法是什么,老师有了缺点,我们要宽容理解。最后一个环节,让学生自制卡片送给老师,激励老师,这样会让师生感情更加和谐。这是一个简单而成功的班会,值得推广。

操作提示

  1. 我所带的班级是学前教育专业,音乐、舞蹈等课程是专业课,学生的歌唱水平和舞蹈水平、表演能力等都比较强,所以里面有很多歌舞。倘若这个班会在别的专业召开,歌唱可以直接播放原唱,舞蹈可以不要,而小品可修改一下,让其内容适合自己的专业,这样组织起来应该不难。

  2. 这节班会必须由教师主持。假如由学生主持,教师一定要注意引导,避免班会偏离方向。

二、礼仪教育

做人见人爱的中职生

【推荐理由】

  1. 中职生入校后,经过几次班会,已经掀起向善、向上的信心。但是,班主任如何让学生明白中职生应该具备的礼仪呢?升旗时、就餐时、听课时该怎么做？仪容仪表怎样才得体？本节班会做了详细的解答。

2．我们常常希望自己诗意地栖息在教室里。但是如何诗意地栖息？本节班会让大家感受到：看着学生一天天优秀、成熟，不亦乐乎？这就是诗意的生活。

【适用年级】中职一年级

【班会背景】

不可否认，中职生在行为习惯方面存在着种种问题，对于课堂礼仪、升旗礼仪、文明就餐行为等，尚不甚清楚——或许以前初中老师或小学老师早已讲过，但学生由于叛逆或别的原因而不愿意接受。当学生进入职校，经过几次班会树立了向上、向善的信心后，我们就应该直言相告，或与学生讨论什么是应该做的、什么是不应该做的。

作为职业学校一年级班主任，我特别希望学生来到新的环境里能有一个新形象，尽早受到来自成人社会的肯定，因此我组织召开了这样的班会。

【班会目的】

1．通过本班会，让学生了解中职生的礼仪常识。

2．让学生在讨论中分清美与丑，从内心接受中职生礼仪，并将其内化为自己的行为习惯。

【重点难点】

将中职生礼仪内化为自身素质，是本节班会的重点和难点。

【课前准备】

1．了解学生目前存在的礼仪问题，让学生提前思索中职生礼仪包括哪些方面。

2．老师将生活中存在的问题整理在 PPT 上。

【设计思路】

1．收集学生在学习、生活中常见的不符合礼仪的行为。

2．讨论"中职生谈吐礼仪"。

3．讨论"中职生仪容和着装礼仪"。

4. 讨论"校园环境礼仪"。

5. 讨论"课堂礼仪"。

6. 讨论"同学之间的交往礼仪"。

7. 讨论"升旗礼仪"。

8. 讨论"就餐礼仪"。

9. 老师总结、点评。

【班会实录】

主持人:"有这样两个人:一个人风度翩翩,谈吐不俗,举止优雅得体;另一个人张口闭口脏话连篇,衣着邋遢,粗俗不堪。同学们说,你们喜欢哪一个?"

学生纷纷:"第一个。"

主持人:"是的。第一个人给我们的感觉很美。每个同学内心深处都是渴望美的,渴望自己语言美、行为美、心灵美,渴望成为一个谈吐不俗、风度翩翩、举止优雅的人,因为这样的人最受欢迎。但是很多同学并不知道怎样做才符合礼仪。今天我们就来探讨一下中职生礼仪,讨论一下如何成为人见人爱的中职生。"

情景设置一:中职生谈吐礼仪——远离粗、痞、狂、俗、侃

主持人挑选同学阅读PPT上的文字。

> 今天,该辛强那一组的男生值日了。但是,打扫卫生的时候,清洁区却不见一个人影。老师匆匆往教室里走,在走廊上就听见辛强那一组的学生在教室里高声喧哗、谈笑风生,时不时地还有脏话吐出。老师推开教室的门,一眼看见他们有的坐在凳子上,跷着二郎腿;有的坐在桌子上,正得意扬扬地大笑;有的斜靠在墙壁上,抖动着双腿。教室里的门窗紧闭,弥漫着一股很久都没有洗澡的臭味儿,和吃过葱蒜遗留的怪味儿。

> 男生们看见老师,嘻嘻哈哈地打着招呼,辛强又说:"我们马上打扫,马上就打扫。"其他学生也应和:"我们打扫起来可快了,绝对干净。""老师,我们办事,您就放心吧!"
> ……
> 这些男生显然把油嘴滑舌、不修边幅、站没站相、坐没坐相、随心所欲侃大山、在劳动中挑肥拣瘦当成了男子汉的标志。

主持人根据情景提问:"在我们班,有这样的男生吗?"

女生纷纷笑:"有!"

男生红着脸讪笑。

主持人:"想一想,在现实中,与文明礼仪相反的词有哪些?"

学生讨论,很快得出结论:与文明礼仪相反的几个字——粗、痞、狂、俗、侃。

主持人放幻灯片,挑选男生读这些词语的含义。

> 粗,包括外形的粗犷和言行的粗鄙,比如男生在教室里张口闭口说脏字,学习电视剧《亮剑》里的李云龙骂娘,甚至故意不洗澡,让身上有一股臭气……他们把这当成了豪爽,怎知道这是狂气和匪气,而不是男子气!
>
> 痞,主要是一种大大咧咧、吊儿郎当、满不在乎、玩世不恭的人生态度。比如有的男生跷着二郎腿说话,有的男生斜靠着墙壁聊天,有的男生留着一头黄头发……大家真的不知道成功的男子汉是黑头发的吗?这不过是故意亵渎神圣、挑战传统罢了。
>
> 狂,就是什么人都不放在眼里,什么事情都不放在心上,什么出格的话都敢说,什么冒险的事都敢做,在课堂上为所欲为,在课堂下横行霸道。比如,有的男生认为,敢于放肆地嘲笑和耍弄老师、班干部才"像条汉子"。其实,这除了让人感觉幼稚、傻

乎乎之外，真的一点也不是男子气。

俗，倒不是指小市民的"庸俗"，而是指江湖好汉的粗俗。

侃，是指天南海北的似乎什么都懂，却又都没有搞透彻，满嘴流行词语，没有一句正经话……

主持人："在生活中、劳动中，中职生礼仪要求我们怎么做？"
学生1："首先要站有站姿、坐有坐姿，不能吊儿郎当的。"
学生2："和同学交谈要使用文明用语，不要说脏话。"
学生3："积极打扫卫生，不油嘴滑舌。"
老师小结："回顾中国古代男人的形象，白面书生太柔弱，江湖好汉太粗野，这都不是我们所追求的。我们呼唤的男子汉形象是既真诚又刚勇、既英武又儒雅，或多才、或多艺、或多情、或多谋、或刚烈、或耿直、或侠义，'羽扇纶巾，谈笑间樯橹灰飞烟灭'，这是何等令人向往！我们应该追求的是这样的男子气，而不是粗俗。无论如何，粗、痞、狂、俗、侃都不是男子汉的标志。"

情景设置二：中职生仪容和着装礼仪——与女生谈化妆

主持人挑选学生读PPT上的文字。

肖娜显然是因为在寝室里化妆才迟到的。她的一张脸涂抹得五颜六色，像马戏团的小丑一样，眼睫毛又黑又重，几乎要掉下来。每只耳朵上都戴了三四个耳钉，脚踩高跟鞋，上衣很短，几乎和她的低腰裤接不上，往凳子上一坐，露出来一截白白的腰。老师说："你怎么穿成了这个样子？你看你的上衣和裤子都没接上……"肖娜微微一笑，拉拉衣服说："老师，我不是故意的。"

主持人根据情景提问："肖娜这样的打扮得体吗？有什么不妥？她的打扮

符合中职生仪容和着装礼仪吗？中职生仪容和着装礼仪包括哪些方面？"

学生讨论，自由回答。

学生 1："中职生不能化妆。"

学生 2："衣着要得体，学生不能穿高跟鞋。"

学生 3："要以便于运动的衣服为主。"

主持人展示课件，并请同学们一起阅读。

> 仪容和着装礼仪包括："脸必净、发必理、衣必整、纽必结。头容正、肩容平、胸容宽、背容直。气质勿傲、勿暴、勿怠，颜色宜静、宜和、宜庄。"
>
> 具体包括以下两个方面：
>
> 1. 发式：女生的发式以短发、童发或者束发为宜。这样可给人一种清新、活泼、纯真和稚气之感。男生最好是理学生头，显得整洁、干净、富有朝气。
>
> 2. 服饰装扮：学生的服饰应以色彩鲜明、线条流畅、简洁明快为好，这样可充分显示出朝气蓬勃的精神面貌。不要穿奇装异服，女生不要涂口红、胭脂、指甲油，不要画眉毛，因为少女的肌肤丰润清爽，本身就具有一种美，根本无须化妆。女生也不要戴金银首饰。

老师小结："爱美之心人皆有之，同学们追求美、向往美是一件好事。但是，在不同的时期，我们每个人对仪表美有不同的追求。比如，在幼儿时期，女生都喜欢公主裙，知道这是为什么吗？"

学生 4："我小时候就喜欢穿公主裙。"

老师笑："我直到现在还喜欢公主裙。这是因为我们潜意识里希望妈妈把我们打扮成公主的模样，这标志着自己在家里受宠。年龄大一点，到了中学，我们喜欢运动服、休闲装，这是为什么？"

学生5:"因为我们觉得自由才最重要,开始追求方便和舒适。"

老师:"对!这标志着我们开始一步步地离开父母,走向独立。然后,到了职业学校,我们有了自己的想法,想穿得酷、帅,表现自己的个性。想一想,你们现在是不是处于这个年龄阶段?"

学生纷纷:"是的。你看某某多酷!"

老师:"再下一步,上班后,你可能要穿得大胆,穿得吸引人,甚至说得更明白一些,要吸引异性。为什么?"

学生笑:"该谈恋爱了。"

老师:"而结婚、成家后,就要显得成熟、端庄、知性……我们必须承认,以上每个阶段的着装追求都没有错。只是,我得早早地强调,我们的衣服无论如何,都要与自己的年龄、身份、出席的场合相符。20多岁的女青年,正在求偶阶段,穿着性感一些没关系(20多岁的女教师在学校的穿着也要端庄大方,因为学校不是谈情说爱、吸引异性的地方),但一个30多岁的女人,若打扮得太性感,这性感就属于露骨的一类,就不得体、不合适了。现在,同学们正在学习期间,你们觉得自己的穿着很性感妥当不妥当?"

学生纷纷:"不妥当。"

老师:"为什么?"

学生:"因为我们是学生,我们有体育课、活动课,还是要以方便、舒适为宜。"

老师:"是的,你们的职责是读书、成长、锻炼身体。你们想穿出自己的个性固然没错,但千万不要向露的方向走,不可为了显示身高而穿高跟鞋,这样会影响发育和活动。更不要为了戴几个廉价的首饰而伤害自己的身体。涂脂抹粉呢?会损害你们的皮肤……"

情景设置三:校园环境礼仪——开花给自己看

主持人播放PPT,挑选同学朗读。

> 老师在教室里点评学生的寝室卫生情况:"小倩、玲玲,你们床上的被子没叠;云帆床上的杂物成堆;313寝室的垃圾没倒;315寝室一地瓜子皮……原来,我们班的寝室这么脏啊!"
>
> 同学们涨红了脸,纷纷辩解:"老师,您怎么在下午去我们的寝室呢?"
>
> 老师纳闷:"我为什么不能在下午去检查你们的寝室呢?"
>
> "下午寝管老师一般不检查寝室,也不扣分,所以我们就没有叠被子,也没有倒垃圾……我们的寝室上午一般很整洁的……"

主持人根据情景提问:"现实中,有没有这样的情景——同学们打扫卫生、向老师问好等,仅仅是为了应付检查?"

学生:"有。"

主持人:"这样的做法有什么不妥?"

学生:"文明、礼貌、讲卫生是自己的事情,代表着自己的素质,不应该只为了应付检查。"

主持人:"中职生礼仪里要求我们怎么做?"

学生讨论,自由发言。(略)

主持人展示课件。

> 中职生应自觉地保护校园、教室、寝室整洁,不乱扔纸屑、果皮,不随地吐痰,不乱倒垃圾;不在黑板、墙壁和课桌上乱涂、乱画、乱抹、乱刻,爱护学校的公共财物、花草树木,节约水电;自觉地将自行车存放在指定的车棚或地点。

老师小结:"心理学中,有'心灵容貌'的说法。比如有的女孩子长相甜美,却总是对自己不满,甚至厌恶自己,这便表明她的心灵容貌不能让自己满意,可能是她在内心深处知道自己的某些做法欠妥,比如懒惰、不讲卫生、骂人、不讲礼貌、堕落等,久而久之形象也会猥琐起来;而有的同学本来长相一般,却由内向外散发出一种迷人的气质,因为她相信自己是优秀的、美好的,这说明她的心灵容貌姣好,久而久之,她的真诚、善良、礼貌、知书达理就会化作一种高贵的气质。"

学生6:"是的,这就是我们平时说的'相由心生'。"

老师:"为什么有的人年轻的时候不漂亮,年龄越大反而越有魅力?为什么有些老太太白发苍苍却雍容华贵、举止优雅、慈眉善目?因为她的心灵容貌姣好。因为她一直很欣赏自己。因为她在开花给自己看。有人说,一个人30岁以前的相貌是父母给的,30岁以后的相貌就是自己给的。这句话告诉我们什么道理?"

学生纷纷:"我们的勤劳善良、洁身自好,就是开花给自己看,这会在30岁以后的男人、女人身上留下痕迹。"

情景设置四:课堂礼仪

主持人播放PPT,学生阅读。

> 上课铃响了,某班的教室里还是人声鼎沸,老师站在讲台上好久,依然有人跑来跑去。班长实在看不下去了,大声吆喝着:"安静,上课了!安静……"课堂这才慢慢地静下来。

主持人根据情景提问:"课堂礼仪都包括哪些?上课铃响后、听讲时、下课后,我们怎样做才算是一个讲文明、懂礼貌的学生?"

学生讨论,自由回答。(略)

课件展示。

> 遵守课堂纪律是学生最基本的礼貌。
>
> 1. 上课铃响起,学生应端坐在教室里;老师走上讲台,学生应起立向老师问好,老师示意后,学生才可坐下。
>
> 2. 课堂上,学生应认真听讲,注意力集中,重要内容做好笔记,需要发言要举手,老师点名后再起立,用普通话发表自己的看法,声音要洪亮,态度要大方。
>
> 3. 下课铃响起,老师没有宣布下课,学生要继续安心听讲,不要急着收拾书本,或把课桌弄得乒乓乱响。下课时,学生要全体起立和老师说再见。

老师小结:"同学们注意课堂礼仪,不仅仅是对老师的尊敬,还有利于你们自身的成长。上课时一声起立,能把同学们在课间纷乱的思绪拉回课堂;听讲中注意力集中,也是对其他同学的尊重;下课后与老师说再见,会让老师心情愉悦,更加认真地备课、授课。所以,很多时候,我们尊重别人,就是尊重自己。"

情景设置五:同学之间的交往礼仪

主持人播放 PPT,挑同学朗读。

> 小明做错一道几何题,需要用橡皮擦掉图形再画,他翻开自己的文具盒,却找不到橡皮,一转身看见自己的好哥们儿桌子上有橡皮,就说:"嗨!你×××(脏话)让老子用一下你的橡皮……"小明的哥们儿倒没说什么,但他的同桌听了,不禁皱起了双眉。

主持人根据情景提问:"现实中有小明这样的同学吗?"

女生纷纷:"有!"

主持人:"他的话会带来怎样的后果?"

女生:"挺讨厌的,借我们的东西竟然还骂骂咧咧的。"

主持人:"想一想,中职生交往礼仪有哪些?"

学生讨论,自由回答。(略)

主持人展示课件,让学生一起阅读。

> 在有求于同学的时候,要用"请""谢谢""麻烦你"等礼貌用语;借用同学的东西,要先经同学同意,用后要及时归还,并且说"谢谢";对于同学遭遇的不幸,或者同学偶尔的失败,不应嘲笑、歧视,而应该同情、鼓励、安慰;对同学的相貌、体态不评头论足,不起侮辱性绰号。

老师小结:"注意同学之间的礼貌礼节,是建立良好同学关系最基本的要求。一个人在一个班级里有了友谊,找到了归属感,才可能生活得充实幸福,才能更加安心地学习。我相信,小明并不是真的要骂自己的哥们儿,他只是习惯了这样的说话方式。但是,这种习惯不好,会伤害朋友的情义。请记住:亲人是你的朋友;而朋友,是你自己找到的亲人。我们怎么能对亲人说话带脏字呢?"

情景设置六:升旗礼仪

主持人播放幻灯片,挑学生朗读。

> 一周一次的升旗活动又开始了,某班几个同学的头凑在一起,一直在嘀嘀咕咕地说话,全然不顾五星红旗已经冉冉升起。直到班主任走到他们身边示意,他们才抬起头不再说话,但站姿依然不正,有的肩膀斜着,有的头歪着。

主持人根据情景提问:"这几个同学在升旗时的表现有哪几个不妥的地方?升旗礼仪包括哪些内容?"

学生讨论，自由发言。（略）

主持人展示课件。

> 升旗时，全体学生列队要做到静、齐、快，面向国旗，肃然起敬；当国歌响起，五星红旗冉冉升起，要立正、脱帽，向五星红旗行注目礼。整个升旗过程中，不允许嬉笑打闹、东张西望、心不在焉。

老师小结："升旗是一种严肃、庄严的活动，严禁在升旗期间自由活动、嘻嘻哈哈或东张西望。别说我们是学生队伍里站着的一员，即使是普通的路人，看见五星红旗冉冉升起，也要停下来，面向国旗，行注目礼。我们在举行升旗仪式的时候，更要庄重起来。这不仅仅是形式，更是一种提醒，提醒我们胸怀祖国，提醒我们维护和平与幸福。五星红旗是我们的国旗，我们必须用一颗敬畏的心看待它。"

情景设置七：就餐礼仪

主持人播放PPT，挑选学生朗读。

> 中午第四节课后，学校餐厅里立刻人声鼎沸，同学们可能饿坏了，你拥我挤地去买饭，好像在打仗一般。几个文静柔弱的女孩子等了好久，还是挤不过去，她们无奈地转回寝室，打算吃点零食打发午饭……

主持人根据情景提问："在我们学校，有这样的情况吗？"

学生纷纷："因为有老师值班组织同学们排队，这种情况倒没有。"

主持人："如果老师没有维持纪律呢？同学们会不会这样？"

学生默不作声，良久，有人回答："我不会拥挤……"

主持人："想一想，中职生就餐礼仪有哪些内容？"

学生自由讨论、发言。（略）

主持人展示课件，挑同学朗读。

> 第一，要注意遵守秩序，在规定的窗口下，自觉排队购饭，不插队、代买，对有急事的同学应主动照顾。
> 第二，要注意卫生和珍惜粮食。饭前要洗手和冲洗餐具，不挑食，不乱倒剩饭剩菜，爱惜粮食。
> 第三，要学会尊重和礼让，尊重炊管人员的劳动。
> 第四，要注意良好习惯的养成。不大声喧哗，不端着碗走来走去，不发出过大的吃饭声音，吃相要文雅。

老师小结："早在2000多年前，孔子就提出有修养的人能做到'温良恭俭让'。在人与人之间，有这一份温良恭让的行为准则，会让大家减少很多暴戾之气，能平静我们的内心，让所有人都尽快吃到热乎的午饭。这是就餐礼仪里很重要的一点。另外，孔子在就餐礼仪里，还强调'食不言，寝不语'，意思是在吃饭时不可聊天，睡觉时也不能说话。然而，很多人喜欢吃饭时高谈阔论，睡觉前谈天说地，或为某个观点而争论不休。这是一个非常不好的习惯。吃饭时说话，可能会造成食物未经充分咀嚼就进入胃肠，营养成分难以被人体吸收。而且，如果在吃饭时高谈阔论，或一边吃饭一边看书和思考问题，势必会把尚未嚼烂的食物咽下，加重胃肠的负担，容易引起胃病，久之则可能会产生消化系统的溃疡，导致肠胃疾病。

"总之，礼仪是一个人精神面貌的外观，礼仪是律己、敬人的一种行为规范。中国是礼仪之邦，孔子还曾说'不学礼，无以立'，也就是说，你不讲礼仪，就难以在这个社会中立足。文明礼仪，不仅是个人素质、教养的体现，更是民族、国家的颜面。但愿我们每一个人每时每刻都能按照中职生礼仪修炼自己，成为人见人爱的中职生。"

【班会总结】

本节班会设计简单，但非常及时。须知中职生入学后存在的问题绝不单单表现在文化课成绩上,还表现在行为习惯、学习习惯等方面。并不是他们不愿意做一个文质彬彬、高素质、有修养的人,而是他们不知道怎么做才最受欢迎。当然,在初中或小学时,老师和家长一定也要求过他们,可能他们由于粗心、叛逆等原因,并没有放在心上。现在进入职业学校,面对新的老师、同学和环境,大家已经决定要做品学兼优的好学生,那么老师引领他们探讨中职生文明礼仪就非常有必要。

从心理学层面讲,当我们的某一行为得到他人的认可后,会自己强化这一行为,久而久之,这一行为就会内化为自己的素质。在中职生一年级时,召开这样的班会,会使自己的班级呈现积极向上、彬彬有礼的精神面貌,会赢得全校师生的夸赞、好评,这无疑就是对学生好习惯的强化。反之,倘若学生根本不知道中职生礼仪是什么,他们屡屡遭受批评,内心便会充满挫败感。当他们感到手足无措时,就可能会激起逆反心理。

操作提示

1．讲解中职生礼仪的主要目的是培养学生良好的行为习惯,使学生在换了新的环境后尽快体验到被认可的愉悦。因此,这个班会必须把握好时机。

2．召开班会前应了解一下班级的学生在行为礼仪方面存在的问题,尽可能地使他们在尚未受到批评之前就知道什么是可以做的,什么是不可以做的。

3．操作中要尽可能地避免将学生对号入座。但是,倘若班级里果真有极为相似的场景,教师反而可以笑着喊:"欢迎对号入座!"既然学生都已经知道某同学有这样的行为,开着玩笑打开窗户说亮话,反而比遮遮掩掩更好。

三、挫折教育

酸甜苦辣都是歌

【推荐理由】

1. 中职生在成长过程中,不可避免地要和秩序社会产生种种矛盾,或者要遭遇种种失败、挫折,这时,我们应该如何开导学生、陪伴学生成长?这是很多班主任都深感困惑的问题。

2. 中职生来到学校,学习文化课、掌握技能等仅仅是其生活的一部分,而体会酸甜苦辣人生百味,也是中职生不可或缺的学习内容。学生在这节班会上可以认真体味人生路上的挫折,思索应对挫折的方法。

3. 本节班会课充分调动了学生的参与热情,达到了预期目的,值得一线班主任借鉴。

【适用年级】 中职一年级

【班会背景】

十几岁的年龄,近十年的学生生涯,很多学生都经历了来自家庭、伙伴、升学等方面的种种挫折。比如有的学生来自单亲家庭,有的学生从小寄养在别人家里,有的学生是留守儿童,有的学生在学校遇到了人际交往的障碍,有的学生在学习上遭受打击……种种挫败,也曾使学生迷茫、困惑。今天,我就借用这节班会,让学生认识何为挫折,让学生明白人生固然有胜利、欣喜、风和日丽,但也不乏苦涩、艰难、狂风骤雨。让我们接纳这些酸甜苦辣,并将其内化为自己坚强的品格。

【班会目的】

1. 通过本次班会,让学生知道挫折在我们的生活中不可避免。

2. 希望学生能把挫折当成自己成长的垫脚石,在遭遇挫折时,能面对挫折、战胜挫折,做生活的强者。

3．希望学生掌握应对挫折的方法，同时，尽自己的能力帮助处在挫折中的人走出困境。

【重点难点】

认识挫折，分析挫折的类型，并掌握应对挫折的正确方法。

【课前准备】

1．收集学生在学习、生活中遇到的挫折，与故事结合起来讨论。

2．让学生在班会前收集、思索、讨论应对挫折的方法。

【设计思路】

1．分段讲解故事《丑小鸭》，认真剖析丑小鸭遇到的困难、挫折的性质与类型，将丑小鸭的故事与学生的挫折结合起来。

2．认识在挫折中成功的人。

3．人生挫折有几多，大量分析现实中的案例，与学生一起探讨正确应对挫折的方式。

【班会实录】

班会开始，学生齐唱歌曲《丑小鸭》。

老师："同学们，在我们的生活中，常常会遇到一些让自己不敢面对的困难，我们该迎难而上还是就此消沉呢？今天我们就来个'挫折教育'的探讨。下面我宣布主题班会现在开始！"（全班学生热烈鼓掌）

老师："首先，让我们温习一下故事《丑小鸭》。"

第一乐章：丑小鸭的挫折

学生表演故事《丑小鸭》。一个学生专门做旁白，其他学生扮演丑小鸭、鸭妈妈、鸭子、小孩等。（也可以没有表演，只挑选一个学生声情并茂地讲故事）

情景设置一：深深的悲哀

> 有一年夏天，一群小鸭子从鸭蛋里孵化出来，最后从一个特别大的蛋中破壳而出的是一只看起来个子很大、模样很丑的小鸭子。鸭妈妈不知道这是从鹅蛋里孵出的小鹅，只觉得它跟所有的孩子都不像。

老师根据情景提问："丑小鸭的第一个悲哀降临了，这个悲哀是什么呢？"
学生自由回答。（略）
幻灯片提示。

> 鸭妈妈不是丑小鸭的亲生妈妈，丑小鸭和别的鸭子不一样。

老师："这对于丑小鸭，就是第一个挫折。它没有跟自己的亲生母亲生活在一起。同学们有没有和丑小鸭这时相似的经历？"

学生1："有。比如，我们班有几个同学生活在单亲家庭里——包括我在内。"

学生2："除此之外，我知道还有同学的父母去外地打工——比如我，我是留守儿童。"

学生3："因为计划生育，我一出生就寄养在外婆家里。直到前年，我才回到了自己家……"（孩子说着，眼圈红了）

老师："这样的事情对于一个孩子，是一个很大的挫折。同学们想一想，这是孩子的错吗？"

学生："不是。"

老师："孩子应该怎么做呢？"

学生讨论，自由发言。（略）

老师小结："父母离异的同学，第一，你不要有内疚感、自责之心，父母感情破裂，不是你的过错。第二，你也要理解父母，他们都应该有自己的幸福。第三，你只能尽力在新的家庭里保持积极阳光的心态，去爱自己的父母、自己的家。第四，有了苦闷和烦恼，要想办法通过正确的渠道宣泄，比如唱歌、参加体育运动等。如果你是留守儿童，也要相信父母是不得已才离开家乡的，你要更加努力地学习。由于计划生育等原因而被寄养在外的同学，也应该相信爸爸妈妈是爱自己的。"

情景设置二：雪上加霜

继续丑小鸭的故事，挑学生表演（或讲故事）。

> 这只又大又丑的小鸭子在饲养场里遭到了所有鸡和鸭的欺负，谁都去啄它、挤它、耍弄它，它不知道躲到哪儿去才好。连它的兄弟姐妹也开始讨厌它，甚至鸭妈妈也希望它离远一些。一天，女饲养员踢了丑小鸭一脚，它就扑腾着翅膀飞过矮矮的树篱跑远了。
>
> 它到了野鸭栖息的沼泽地，又受到野鸭们的歧视。

老师根据情景提问："在这一个环节里，丑小鸭遇到了什么问题？它经受的是怎样的挫折？它该怎么办？"

学生讨论，自由回答。（略）

活动策略提示。

> 丑小鸭在这里的挫折有：它受到了小伙伴们的欺负，妈妈也不爱它，它很孤单。女饲养员也不喜欢它，它换了一个生长环境，还是受到了歧视。它觉得自己挺失败的。

老师："这只可怜的丑小鸭，就好像是一个不受小伙伴欢迎的小朋友，原因在哪里呢？"

学生:"大家都认为它很丑。"

老师:"它真的很丑吗?"

学生纷纷:"其实它不丑。"

老师:"是的。大家认为它丑,它不一定就真的丑。在现实中,有没有以貌取人的人?"

学生:"现实中很多同学会以貌取人,觉得人家家境不好、衣着不光鲜,或者不够讲卫生,就不喜欢人家;或者看到人家学习暂时落后,就小看人家。"

老师:"这样的做法对不对?"

学生:"不对。"

老师:"大家说,丑小鸭应该怎样面对目前的挫折?"

学生讨论,自由发言。(略)

老师小结:"遇到丑小鸭目前的挫折(即生活习惯不好或成绩暂时落后,没有朋友),丑小鸭首先要分析自己受欺负的根源在哪里。如果仅仅是同学们以貌取人,那就不是自己的错,而是同学们的错;如果是因为生活习惯不好,就要想办法改变自己的习惯,用一种好的习惯去代替不好的习惯;如果是因为成绩暂时落后,就要找家长、老师帮忙,认真分析成绩落后的原因;如果还有别的原因(比如爱打架、骂人),更要想办法改正这些毛病。"

情景设置三:祸不单行

继续表演《丑小鸭》(或声情并茂地讲故事)。

> 噩运无法摆脱地跟随着丑小鸭。
>
> 当冬天来临时,丑小鸭在一片冰湖中被冻晕了。
>
> 一个农夫把它拾到家中,交给妻子,丑小鸭慢慢苏醒了。孩子们想逗丑小鸭玩,可是它见了他们就害怕,慌慌张张地扑到一个牛奶罐里,弄得牛奶四溅。女主人尖声叫起来,丑小鸭更着急了,飞到奶油盆里,再飞进面粉桶里,当它飞出来时,样子十分

> 难看。女主人嚷着用棒子打它，孩子们奔跑着要捉住它。它便一溜烟地跑到了外面，钻进了灌木丛。
>
> 就这样，它在沼泽的芦苇里躲过了令人心酸的冬天。

老师根据情景提问："在这一个环节，丑小鸭又遇到了怎样的挫折？"

学生1："它换了一个环境，还是不行，周围的人都不喜欢它。"

学生2："老师我不同意这个同学的看法。丑小鸭换了一个环境，周围的人不是不喜欢它，那些孩子想逗它玩，但是它看见那些孩子就害怕，结果闯祸了。"

老师："好可怜的丑小鸭，它应该怎么应对？"

学生3："孩子们善意地想和它玩，它不该躲避啊！"

老师："现实中有这样的挫折吗？"

学生纷纷："有！"

老师："如果丑小鸭是我们班的同学，这样闯祸后，我们该怎么做？"

学生："老师您先不要像农夫的妻子一样打它呀！"

老师："好！它闯祸了，我不打它。但是它应该找我解释一下，它不应该怕我。而且，你们应该怎么对待它呢？"

学生纷纷："丑小鸭很不幸，遭受过心灵的创伤，我们不要惊吓它，要好好地和它玩。"

活动策略提示。

> 丑小鸭在这个环节遇到的挫折，就如同一个有心灵创伤的学生，在人群中、课堂上出了丑。老师很爱他，对他很好。他不是有意捣乱课堂的，但他确实闯祸了，使本来同情他、对他有好感的老师和同学也对他有了新看法。丑小鸭遭受到了更大的挫折。

老师:"遇到这样的情况,丑小鸭应该怎么做?"

学生1:"我如果是丑小鸭,要首先找老师解释、道歉。"

学生2:"然后积极参加班级活动。"

老师小结:"遭遇挫折后,谁都会有紧张、焦虑、烦闷、自卑的心理。首先,我们应该放松心情、调整情绪。怎么调整情绪呢?我们可以运用'优势比较法',尽量去找比自己受挫更大的人比较。其次,找信任的亲人、朋友诉说。再次,分析一下受挫的原因,积极改正。最后,调整目标,积极行动。"

情景设置四:丑小鸭也有未来

继续《丑小鸭》情景剧表演(或继续讲故事)。

> 春天来了,丑小鸭的翅膀忽然伸展起来,拍打得比以前有力多了,它也能往高处飞了。这时,它发现自己落在一个花园里,三只美丽的白天鹅轻盈地浮在水面上。丑小鸭认出了它们,心里一阵难受,它决心飞到那些高贵的鸟儿那里,即使被它们啄死,也胜过其他动物啄它、咬它,它再也不愿过可怕的冬天了。
>
> 当它向它们游过去时,它们也迎面游过来。"杀死我吧!"丑小鸭一面喊着一面低下头去,等待着痛苦的结局。
>
> 然而,它在清澈的水面上看到了自己的倒影,出乎意料,它已经不再是笨拙的丑小鸭了,而是一只姿态优美的白天鹅。三只白天鹅游过来,用嘴拃顺它的羽毛。小孩们喊了起来:"这里有一只新来的天鹅,它是这一群中最美的!"
>
> 白天鹅们向它表示祝贺,它伸长了美丽的脖子,心中被深深地感动。它想,当我还是一只丑小鸭时,谁会想到有朝一日我会如此幸运呢?

老师根据情景提问:"看完这个情景剧,你有什么感想?"

学生纷纷:"丑小鸭终于成功了,变成白天鹅了,扬眉吐气了。"

老师:"其实,我所理解的白天鹅,就是有充实的生活、充满自信、乐观开朗、不畏艰险、举止优雅的人。这样的人自然有魅力。这样的人就是美丽的白天鹅。这就是成功！"

学生纷纷点头。

老师："在现实中，丑小鸭若想变成美丽的白天鹅，需要怎样的努力？"

学生2："坚强。"

学生3："乐观。"

老师："还有，一定要有一颗向上、向善的心。丑小鸭看见白天鹅的时候，它想的是要跟这些优秀的禽类做朋友，要做它们中的一员。我希望同学们也要下定决心，和真诚、善良、积极、向上的人做朋友，尽力成为他们中的一员。最后，我想问：你是否有过类似丑小鸭的经历？遇到挫折后，你是怎么做的？"

学生讨论，自由发言。（略）

活动策略提示。

> 遇到类似的经历，要做到勇敢面对挫折，分析挫折的原因，保持积极的心态，努力改进。

老师小结："其实丑小鸭情结是广泛存在的。从某种意义上讲，我们生活在丑小鸭情结的汪洋大海之中。小时候老师、家长、朋友……任何一个让你的敏感心灵受伤的话语、事件，都可能带来挫折，引起我们的自卑。但是，只要我们能超越自卑，就能获得成功。因为，很多成功人士的动力都来源于最初的挫折、自卑。接下来，就让我们分享一下从挫折中成长起来的成功人士的故事。"

活动策略提示。

> 林肯：22岁生意失败，23岁竞选州议员失败，24岁生意再次失败，25岁当选州议员，26岁情人去世，27岁精神崩溃，29岁竞选州议长失败，31岁竞选选举人团失败，34岁竞选国

> 会议员失败，37 岁当选国会议员，39 岁国会议员连任失败，46 岁竞选参议员失败，49 岁竞选副总统失败，51 岁终于当选美国总统。他就是林肯，他是公认的美国历史上最伟大的总统。
>
> 　　孔子：少年丧父，在仕途上总是不得志，最后却被尊为"圣人"。
> 　　司马迁：受宫刑后忍辱负重写《史记》。
> 　　张海迪：身残志坚成作家。
> 　　贝多芬：出身贫寒，风华正茂时耳朵失聪，但依然创作了闻名于世的乐曲。

老师："从这些名人战胜挫折的故事里，你看到了什么？有何感想？"

学生回答。（略）

老师小结："巴尔扎克说：'挫折就像一块石头，对弱者来说它是绊脚石，它会使你停步不前；对强者来说它是垫脚石，它会让你站得更高。'挫折让我们更坚强、更有斗志，因此挫折也是美丽的。"

第二乐章：人生挫折有几多？

PPT 显示。

> 　　挫折是指人们在有目的的活动中，遇到无法克服或自以为无法克服的障碍或干扰，使其需要或动机不能得到满足而产生的障碍。心理学中的"挫折"指个体有目的的行为受到阻碍而产生的紧张状态与情绪反应。

情景设置一：小华的烦恼

> 　　小华自幼活泼开朗，但不幸的是，他的父母在地震中双双身亡，他成了孤儿。小华的成绩从此直线下滑，身边的人为他担忧，他也很烦恼。

老师根据情景提问:"小华遭受的挫折可以归于哪一类?现实中还有类似的挫折吗?针对这种情况,小华应该怎么做?"

学生讨论,自由发言。(略)

课件提示。

> 我们遇到的挫折因素很多,大致可分为自然灾害、社会和家庭、学校生活、个人情况四类。小华的挫折属于自然灾害造成的挫折。自然灾害包括地震、台风、暴风雨、暴雪等。遇到这样的挫折,我们只能接受现实,从悲痛中奋起。

老师小结:"自然灾害给人造成的挫折,对我们的伤害很大。一旦遇到这样的事情,要从以下几个方面积极应对挫折:①接受挫折给你带来的种种反应,即接受我们自己的悲伤、痛苦,但一定要相信自己可以恢复;②宣泄悲伤情绪,比如讲述事件给自己带来的真实感受,也可以采取聊天、写日记、画画等不同方式,多参加体育运动,不要介意流泪和悲伤;③尽量恢复自己的生活规律;④积极寻求亲人、朋友的支持;⑤积极参加有意义的社会活动;⑥必要的时候,找专业人员(比如心理咨询师)寻求帮助。"

情景设置二:小敏的不幸

> 小敏4岁的时候,母亲因病去世。父亲对她很好,她从小学到初中的成绩一直很优秀。然而,天有不测风云,在紧张备战中考时,父亲因车祸失去了生命。一瞬间,小敏成了无依无靠的孤儿。她强忍着悲痛走进考场,但成绩不理想,她一度沉浸在痛苦和失望中。开学的日子很近了,看着摆地摊供她上学的奶奶,她该怎么办?

老师根据情景提问:"小敏遭受的挫折都有哪些类型?针对这些不同的挫折类型,她应该怎么做?"

学生讨论，自由发言。（略）

课件提示。

> 解决困难五步法如下。
>
> 1. 认真分解自己面对的困难。比如小敏面对的困难有：父亲去世，自己成了孤儿；考试失利；与摆地摊的奶奶相依为命。
> 2. 抽身出来，放松一下。困难给我们带来的负面情绪很多，要想办法让自己放松下来，不要深陷在无意义的烦恼中。
> 3. 思考并列举所有可能的解决办法。
> 4. 搜集解决问题的所有信息和资源，并把可利用的资源写下来。
> 5. 做出选择。

老师小结："世事无常，有些事情我们不愿看到它们发生，但最后还是发生了。小敏要战胜挫折，一方面，需要从书籍里汲取力量，学会'物来则应、过去不留'的处世态度（即事情来临了，我们就坦然面对；事情过去后，不要让那情景过于影响自己）；另一方面，可以找专业人员（比如心理咨询师）寻求帮助。"

情景设置三：小陈的苦闷

> 小陈第一次住校，不太会照顾自己。他在寝室里总是不叠被子、不洗衣服，乱放东西，花钱大手大脚，导致一个月的生活费不到20天就花完了，剩下的日子里就借钱花。同学们因此都挺反感他的。小陈很郁闷，感觉自己不受欢迎，不适应中职生活。

老师根据情景提问："我们班有这样的同学吗？他们遭受挫折的原因在哪里？应该怎么应对？"

学生讨论，自由回答。（略）

课件提示。

> 遇到挫折时，人们常常有两种归因——内归因和外归因。喜欢外归因的人，一般都爱抱怨，总认为自己的问题都是外部原因造成的；喜欢内归因的人，遇到问题总是自我反省，愿意从自身找缘由，于是改进也快，心态也平和，生活质量与成就都较外归因者高。

老师小结："很多时候，我们遭遇挫折的原因在于自己。比如，这次考试成绩差，这对于你是一个挫折，但原因是多方面的，也许是因为平时没有认真听课，或者上网打游戏。有的同学在班里没有朋友，原因也有很多。为什么有的人受到的挫折就少一些？为什么有的人总是失败？我们也该从自身找一下原因。

"最后，我想问同学们：在过去的日子里，你遇到过怎样的挫折？是什么时候发生的？挫折的因素有哪些？你以前是怎样应对的？开过这次班会，你感觉自己应该怎样做？"

学生讨论，自由发言。（略）

课件提示。

> 应对挫折讲策略：
> 1. 放松心情，调整情绪。
> 2. 积极认知，正确归因。
> 3. 调整目标，果敢行动。

老师小结："挫折常常让人产生紧张、焦虑、烦恼等负面情绪，所以我们从感情上排斥遭受的挫折，但是在理智上又知道挫折将伴随我们成长。遇到挫折时，有些人会从中寻求希望，越挫越勇，以更加旺盛的斗志继续人生的旅途。而有些人则首先想到逃避，让自己沉睡在迷茫中，希望时间的流逝能冲淡这段痛苦的回忆。不同的人对待挫折的不同态度，就决定了人与人不同的命运。愿同学们在未来的生活里能用正确的方式应对挫折。"

班会在《酸甜苦辣都是歌》的歌声中结束。

【班会总结】

这次班会之所以成功，首先是因为学生对《丑小鸭》这个故事很熟悉，现在一旦和自己的挫折联系起来，就感觉耳目一新，大家讨论起来也比较热烈。这给了我们一个启示：以后开班会，千万不能老生常谈，换一种方式、方法，学生会更喜欢。

其次，这次班会的情境选择，是广泛征求了学生的意见后设计的，甚至有的情境直接来源于班级某学生的情况，所以比较切合学生实际。

每个孩子都渴望被认可，每个孩子都希望自己有前途，所以，我们教师若能提供给孩子们具体的战胜挫折的方法，他们会更加喜欢我们的。

操作提示

1. 熟悉故事《丑小鸭》，和自己班级的实际情况联系起来。

2. 这次班会应该占用两节课，即要用两周的时间来讨论应对挫折的问题，第一节班会课只解读丑小鸭的挫折，第二节班会课再设计、强化应对挫折的方法。

3. 挑选案例要慎重，必须经过当事学生的同意。比如其中一个花钱大手大脚的案例，就是取材于我自己的班级，因此讨论点到为止，一切要以保护学生的自尊心为重。

4. 我所教的班级是学前教育专业，用情景剧表演《丑小鸭》既锻炼了学生的表演能力，又增添了班会的趣味性。倘若是别的专业召开这个班会，可以只讲故事，不表演。

四、安全教育

安全陪伴你我他

【推荐理由】

1. 安全教育是学校教育最重要的任务之一。可以说,只有在师生安全的前提下,才能谈其他成绩。在职业学校里,对学生进行安全教育很有必要。但如何进行,却是很多班主任感到困惑的事情。这节班会课用丰富的案例和学生热烈的讨论取得了较好的效果,值得中职班主任借鉴。

2. 本主题班会结构严谨,内容贴近学生生活实际,形式活泼,在组织和设计方面有可取之处。

【适用年级】中职一年级

【班会背景】

现实中,网络上,时时传出交通事故、学生踩踏、发生火灾、学生见网友被骗等事例。每一个事例都让人触目惊心。不要说这些事例是个案,任何一个个案发生在自己的学校、自己的班级都是重大事故,发生在某个家庭里,更是灭顶之灾。因此,在新生入学第一学期,我带领学生开展了一次以讨论案例为主的安全教育班会。

【班会目的】

1. 普及安全常识。

2. 提高学生的防范意识。

3. 学习事故发生后的简单的应对措施。

【课前准备】

1. 收集学生在学习、生活中存在的安全隐患,编成情景剧,让学生分组表演。

2. 上网查阅有关安全事故的案例。

3．让学生思索预防和应对安全事故的方法。

【重点难点】

通过本次班会的召开，让学生了解安全常识，提高防范意识，掌握应对事故的方法。

【设计思路】

1．注意交通安全。

2．预防踩踏。

3．抵御诱惑，健康生活。

4．预防火灾。

5．谨防性骚扰。

6．小心陷阱。

7．注意上网安全。

【班会实录】

老师："同学们，转眼间，你们已经成了一名中职生。忽一日你发现自己已经长大——个子长高了，身上有使不完的劲，便认为完全有能力保护自己甚至保护亲人。但现实中总难免有伤害、有悲剧。因为生活里不仅仅有太阳、月亮、蓝天、白云、鲜花、微笑，还有荆棘、坎坷、暴风雨，甚至欺骗、打架、火灾等不和谐的音符。今天，就让我们开一个'安全陪伴你我他'主题班会，一起来探讨如何预防悲剧的发生。"

情景设置一：交通安全

> 晨晨和小斌是中职一年级的走读生，家住郑州市郊，每天下午放学回家的那段时间，是他们最轻松的时刻。因为他们回家的马路比较宽，他们常常在骑自行车的时候大撒把，比谁的骑车水平高。前天，他们又一次在马路上大撒把，过十字路口的时候，一辆小汽车"呼"的一下急刹车来到了他们面前，所有看见的人都惊出了一身冷汗……

老师根据情景提问:"我们班的同学见过这样的情景吗?"

学生1:"见过。在市内车多的地方,一般不敢大撒把。但是在市郊,很多同学都曾经大撒把。"

老师:"你们说,市内的机动车开得快呢,还是市郊的机动车开得快?"

学生纷纷:"当然是市郊的机动车开得快。"

老师:"你们这样大撒把,有没有考虑过安全问题?"

男生相互交换目光,低头,微笑。女生大声说:"这样做好危险。"

老师:"会发生怎样的危险?"

女生纷纷:"这还用问?机动车开得快,一旦刹车不及时,就可能出现车祸。"

男生:"发生车祸的概率非常小,我们经常玩,也没事。"

女生1:"别说概率小,一旦发生在自己身上,可就是百分之一百。"

女生2:"你们这样不为自己的生命负责,一旦出了事,可怎么办啊?"

也许这个女生说话的语气太强硬了,几个男生忍不住说:"命是我的,要你管?!"

老师急忙说:"你的命,也不完全是你自己的。你是父母的儿子、老师的学生、同学们的好朋友。一旦你出了危险,你的父母后半辈子怎么办?你的老师——我,又该多难受?你的好朋友会多么遗憾……等将来你成了家,更要为妻子负责,为后代负责。因此,你的命不完全是你自己的,为了你周围的亲人,你也该珍惜生命啊!"

男生不再说话。

老师缓和气氛说:"现在,请谈谈你所知道的交通安全知识。"

学生讨论,自由发言。(略)

课件展示。

> 生命只在一念间。

老师播放中职生交通规则，学生一起阅读。

1. 行人须在人行道上行走，没有人行道的靠右边行走。同时注意避开盲道，给盲人出行留更多方便。

2. 横过马路时先看清是否有来车，并要按交通指示灯走人行横道或斑马线。不准在车辆临近时突然横穿硬闯。

3. 不准在公路上追逐、嬉戏、猛跑。

4. 不准在公路上踢球、跳绳、溜冰、表演、玩耍。

5. 不能边走路边看书。

6. 不准扒车追车，不准强行拦车，不准抛物击车。

7. 不准跨越、倚坐人行道、车行道和铁道口护栏。

8. 中职生骑自行车上学时必须遵守以下规定。

（1）不准双手离开车把，不准站在后架上，不准一人蹬车一人扶把。

（2）不准赛车或玩车技，不准追汽车斗气。

（3）骑车时不准勾肩搭背，不准互相追逐，不准并排骑车。

（4）不准在人行道上骑车，不准在马路上学骑车。

（5）通过陡坡时不要高速滑行，不要连串或曲线竞争。

（6）骑车转弯前必须减速慢行，向后望，并伸手示意，不准突然猛拐。

（7）进出校门必须下车推行。

9. 乘坐公共汽车时要注意以下几点。

（1）要遵守规章，在规定的区域候车，上车排队，按顺序就座，不抢座，不扒车。见到老弱病残孕要主动让座。

（2）要坐正站稳，尤其是无座位时，要抓紧扶手站好，远离车门，不得将身体任何部分伸出车外，不得跳车。

（3）注意遵守交通规则，讲究文明礼貌，上车购票或刷卡，避免因上下车拥挤等事与人争吵或发生纠葛。

老师小结:"其实我们都知道在马路上骑车大撒把很危险,为什么晨晨和小斌还要这样做?也许他们正值青春期,认为自己长大了,要挑战成人定下的规矩。但是,只有在遵守规则的前提下,你才是自由的。否则,不但世界会大乱,自己和他人也会有危险。有的学生为什么那么大胆,要趁着黄灯过马路?也许是作为中职生的他们,认为这样做很勇敢、很酷。其实,这不是'勇敢',而是莽撞;这不是'酷',而是对生命不负责任。接下来,我们进行下一个讨论。"

情景设置二:踩踏事件

老师播放照片,挑选学生讲解。

> 2009年12月7日晚,湖南省某市私立育才中学晚自习下课后,学生纷纷涌出教室奔向宿舍。教学楼有左右两个楼梯,但是因为当时下着大雨,学生都选择了离宿舍较近的一号楼梯,所以一号楼梯的人很多、很拥挤。那些下到一楼的学生在躲雨或放下脚步撑伞,后面的学生不知道前面的情况,却依然向前推搡。在一楼到二楼的楼梯处,一个学生不慎摔倒,后面的学生拥挤过来,一层一层地压了上去,在狭窄的楼梯上,几十名学生瞬间挤压在一起,最终导致8死26伤的惨剧⋯⋯

老师根据情景提问:"听了这样的惨剧,你想到了什么?"

学生1:"生命太脆弱了!"

学生2:"踩踏太可怕了!"

学生3:"后面的同学可能根本没想到自己一推一搡会发生这么惨重的后果。"

学生4:"是的。有的同学恶作剧,故意在楼梯上打闹。要是没有拥挤还好,倘若人多拥挤,多危险啊!"

学生5:"就算人不多,在楼梯上打闹也很危险。我曾经在楼梯上摔倒过……"

老师："从电视上、新闻里或者现实生活的道听途说中，你还知道哪些踩踏事件？"

学生6："老师，踩踏事件太多了。我还听说过小学生在走廊上拥挤，结果把教学楼的栏杆挤掉，好多小学生纷纷从二楼摔到一楼的情况。"

学生7："不仅学校里容易发生踩踏事件，商场里也有踩踏事件发生。"

老师："那么，在生活中，我们应该怎样避免踩踏事件发生？遇到踩踏的情景，我们应该怎样保护自己？"

学生讨论，自由回答。（略）

课件展示。

> 如何避免被踩踏？
> 1. 在行进中，发现慌乱的人群向自己涌来，应快速地躲到一边，或者蹲在附近的墙角下，等人群过去后再离开。
> 2. 在拥挤混乱的情况下，要双脚站稳，抓住身边的牢固的物体（柱子或栏杆），但要远离店铺或柜台的玻璃。
> 3. 一旦被人挤压到地上，要设法把自己的身体蜷缩成球状，双手紧扣置于脑后，保护好头、颈、胸、腹。

老师小结："学校发生踩踏事件后，很多人疑惑现在的学生怎么能这样漠视生命，竟然朝自己的同学身上踩踏。我相信每一个孩子都不希望悲剧发生，踩踏事件之所以屡屡发生，部分原因是某些孩子身不由己，部分原因是某些孩子觉得好玩，想找刺激。正如有的同学提到的：他们没想到后果会如此惨不忍睹。但是，我想提醒同学们的是，有些事情，绝不能因为好玩就去做，因为我们的生命只有一次。希望踩踏的事情永远不要再发生了。也希望通过这次班会，我们能掌握预防踩踏的正确方法。接下来我们进行第三个话题的讨论。"

情景设置三：抵御诱惑，健康生活

老师挑选学生朗读课件上的文字。

> 中职生陈强的好奇心很强，为了显示自己成熟，他寒假里抽烟上了瘾，也喜欢喝酒，经常出入游戏厅、迪厅等场所。有一天，陈强认识了一群哥们儿，他们掏出一种白色粉末，围坐在那里吸食，一副飘飘欲仙的样子。后来，在哥们儿的怂恿下，陈强第一次吸了毒品，后来就有了第二次、第三次……慢慢地，陈强的手指变得蜡黄，体重骤减，萎靡不振，直到被送进戒毒所。

老师根据情景提问："中职生抽烟、喝酒有什么危害？"

学生1："我们以前就谈过了，抽烟对身体不好。"

学生2："会污染空气，害己害人。"

学生3："喝醉后很难受，有时候人事不省很危险。"

有男生小声说："女孩子喝醉危险，男孩子喝醉不危险。"

女生纷纷："怎么不危险啊！我春节的时候看见一个醉汉摇摇晃晃地在马路上走，那不危险吗？"

又有女生说："我还见过一个醉汉大冬天躺在马路边，当时我就想：他要是这样躺一夜，冻死了可怎么办？"

老师："中职生抽烟的危害，我们以前曾开班会专门讲过。现在大家讨论一下，中职生进迪厅、电子游戏厅会面对怎样的不良诱惑？"

学生讨论，自由发言。（略）

课件展示。

> 预防类似陈强的经历要做到以下三点。
> 1. 不要到迪厅、电子游戏厅等场所。
> 2. 上学期间不抽烟、不喝酒,一旦有瘾,要想办法戒掉。
> 3. 不喝陌生人送给自己的饮料,不吃陌生人送给自己的食品。

老师小结:"烟酒等物质会危害身体健康,青少年正在成长期,长期摄入烟酒等物质,会导致头晕、头疼、注意力涣散、情绪不稳、记忆力减退等。而且,烟、酒、毒品有可能成为其他不良行为的诱因,使青少年走向违法犯罪的道路。70%的青少年犯罪都是从吸烟、酗酒开始的。尤其是毒品,成瘾以后很难戒掉,会严重影响生活质量。

"中职生守则里的所有规定,都是为了保证同学们健康成长。因为人一生中可能会犯很多错误,有的错误犯下后,尚有改正的机会,而有的错误一旦出现,要弥补起来就非常难,所以大家要远离烟酒、迪厅、电子游戏厅等娱乐场所。

"接下来,我们进行下一个话题的讨论。"

情景设置四:预防火灾

老师播放 PPT,学生解读。

> 2000 年 12 月 25 日晚 21 时 35 分,河南省洛阳市老城区的东都商厦发生特大火灾,经过对事故现场进行认真清理和二次复查,27 日确认共有 309 人丧生,其中绝大多数人因窒息而死。

老师根据情景提问:"你还知道哪些火灾案例?"
学生回答。(略)
老师:"作为一名中职生,我们怎样预防火灾?如何在火灾中逃生?"
学生讨论,自由回答。(略)

课件展示。

> 预防火灾的知识有很多，我们首先需要从以下小事做起。
>
> 1. 许多同学对火感到新奇，常常背着教师和家长做火的游戏。有的点火烧纸、烧柴草，有的在野外烧废轮胎、废塑料，还有的在黑暗处划火柴、点蜡烛照明、弹火柴棍、烧马蜂窝等。这些玩法都可能引发火灾。
>
> 2. 平时不要在身上携带打火机、火柴、鞭炮等。如发现有同学玩火，应立即制止，并报告老师和家长，对他们进行批评教育。
>
> 3. 现代化商场、宾馆、图书馆的墙上都安有红色火警按钮，同学们千万不要随意按动它。消防用的水龙带、水枪、提桶、灭火器以及专用的消防锹、镐、钩、沙箱等也不要随意搬动。
>
> 有效灭火的方法如下。
>
> 1. 窒息灭火：减少空气中氧的含量。当燃烧区周围的空气含氧量降低到14%～18%时燃烧即停止。如，家庭油锅着火后将锅盖盖上，汽化油炉着火后用湿麻袋覆盖就是有效的灭火方法。
>
> 2. 冷却灭火：将灭火剂直接喷在燃烧着的物体上，将可燃烧物的温度降低到燃点以下，即可终止燃烧。一般家庭火灾都可用水冷却灭火。
>
> 3. 隔离法灭火：将燃烧物体周围的可燃物隔离或疏散开，使燃烧停止。如果发现火灾初起，应将周围的可燃物搬开，并迅速将火扑灭。如山上发生火灾，村民们会纷纷将树砍倒，隔离灭火。
>
> 4. 抑制法灭火：让灭火剂参与到燃烧反应中去，使燃烧过程中产生的游离基消失，形成稳定分子或低活性游离基，使燃烧反应停止。如常见的干粉灭火器灭火，就是把干粉撒到火焰上，抑制燃烧反应而使火熄灭。

火灾中逃生的方法如下。

1. 要镇静地分析，不要盲目地行动。明确自己的房间，回忆房子和房间的位置走向，分析周围的火情，不要盲目地开门开窗。可用手先摸一摸房门，如果感觉很热，千万不要开门，不然会助长火势或"引火入室"。也不要盲目地乱跑、跳楼，这样有可能造成不应有的伤亡。在火势未蔓延前，可朝逆风方向快速离开。

2. 要选好逃生办法，不要惊慌失措。如必须从烟火中冲出房间，要用湿毛巾、衣服等包住头脸，尤其是口鼻部，低姿行进，以免受呛窒息。如房门口虽已有火，但火势不大，就从房门口冲出；如果房门口火势太猛，要从窗口逃生，并保证双脚落地，不出现意外。

3. 火场人员要尽量有序、迅速地撤离火场。不要大声喊叫，避免烟雾进入口腔，造成窒息中毒。如火场逃生之路均被大火切断，应退居室内关闭门窗，有条件的可向门窗上浇水，延缓火势蔓延，同时向窗外扔小的物品或打手电筒求救。

老师小结："火是一种自然现象。驯服的火是人类的朋友，它给人类带来光明和温暖，带来了人类的文明和社会的进步。但火如果失去控制，酿成火灾，就会给人类的生命财产造成巨大的损失。希望同学们以后注意防患未然，并收集掌握预防火灾、灭火和火中逃生的方法。接下来我们讨论下一个话题。"

情景设置五：谨防性骚扰

前天小雪放学回家，在公交车上遇到一个男的在自己身边挨挨蹭蹭，让小雪特别难受，但她敢怒不敢言。昨天，她又遇到了这个人。小雪忽然有点害怕坐公交车了。

老师根据情景引申:"据说,《郑州晚报》做过一个性骚扰问卷调查,调查了2万名女孩子,居然有1.6万人遭受过性骚扰。所以,我们很有必要探讨一下怎么面对色狼、怎么应对性骚扰。这是同学们将来很容易遇到的问题。"

学生讨论,自由回答。(略)

课件展示。

> 针对性骚扰,网络上有人总结出一句话,叫"四喊三不喊"。就是说,在公交车上遇到性骚扰,在四种情况下是一定要怒斥、反抗的。第一,你和家人一起上街,受到性骚扰时要喊。第二,女友在的时候要喊。比如说,三四个女孩一块儿上街,一块儿挤公交车,这个时候小姐妹们一条心,再大的色狼我们也不怕。第三,白天的时候、乘车高峰的时候我们要喊。第四,旁边有军警的时候要喊。要相信警察、相信军人,他们看到身边有女孩子遭到性侵害、性骚扰时一定会挺身而出的。
>
> 接下来我们讲三不喊,或者叫三慎喊。这是什么意思呢?首先,天黑人少慎高喊,车上没几个人,天又黑,你一喊容易引起犯罪分子激情杀人、激情伤人。其次,孤独无助慎高喊,直觉危险慎高喊。女孩子都有直觉,如果你一上车,看见有三四个彪形大汉,醉醺醺的,这个时候他要上来占你的便宜,如果你高喊,估计对你非常不利。
>
> 此外,同学们不妨学习一下女士手包防护操。人体最敏感的部位首先是前胸、小腹,其次是后背、屁股。所以你上车后,不要把自己的敏感部位对着你旁边的乘客,而应该像螃蟹那样侧着挤。如果前面有人挤你的话,你用包在前面挡一下;如果后面有人推推搡搡,那么我们反过来挡一下。这也是很好的预防措施。另外,还可以用胸针、别针什么的刺他一下,他绝对不敢吭声。

老师小结:"最后我特别想强调的是,同学们一定要注意自己的着装打扮,不要穿得过于暴露、过于性感。比如,你若在暑假穿黑色丝袜、超短裙、高跟鞋、吊带上衣,无论挤公交车,还是走夜路,都会非常危险。遇到情况,你想跑都跑不快。若是化了浓妆,则很容易让人误以为你是从事特殊行业的人。"

情景设置六:谨防陷阱

老师挑学生朗读课件上的文字。

> 小琴放暑假旅游的路上,遇到了一个温柔和气的中年女人,她说她是做服装生意的。两个人一见如故,越谈越投机。快要进站的时候,女人说:"我批发的衣服现在送来了,就在前面不远的地方。衣服挺多的,你帮我取一下,好吗?"
>
> 小琴很爽快地答应了——都谈得那么投机,快要成忘年交了,怎么好意思拒绝呢?但她们刚走进一个小胡同,小琴就被三四个大汉塞到了一辆三轮车里,同时被捂住了嘴巴……

老师根据情景提问:"生活中你听说过这样的例子吗?"

学生纷纷回答:"听说过,这是拐卖妇女儿童。有的人被卖到深山里做了人家的媳妇,有的女孩子被卖去当了妓女。很可悲!"

有一个女生站起来,说:"老师,我和雯雯遇到过类似的事情。那是秋天有一个周日的晚上,我和雯雯在绿荫公园玩耍,正打算回学校,遇到了一个中年女人,说她的女儿离家出走了,让我们帮她一起去前面的工地上找。我们拒绝了。"

老师:"对!我想起来了,那天你们还迟到了,我记得你们简单说了一下。"

女生:"老师,就是那件事。"

别的学生很好奇,纷纷问后来怎么了。

女孩子:"我们半信半疑,当然不去了。我们又不认识她的女儿,况且,她要去工地找女儿，工地上怎么可能有她的女儿？她女儿跟我们的年龄差不多，工地的活儿不可能干得了。再说了，天晚了，我们害怕迟到。"

学生纷纷："就这些？"

女生："就这些。"

老师："无论如何，她们小心些是对的。你们还希望有什么啊？"

同学们纷纷笑。

老师提问："我们与陌生人交往时，应该提防什么？"

学生讨论。（略）

课件展示。

> 在这个世界上，狼固然可怕，但是披着羊皮的狼更可怕。偏偏那些披着羊皮的狼，看上去是比较文弱、没有侵略性、不会让你戒备的人。所以，我们要做一个聪明的善良人，要做一个智慧的热心人，帮助别人的时候，要多加小心。另外，你在大街上、火车上或酒吧、咖啡厅等地方，千万不要喝别人给你开启好的饮料。即使在与同学的聚会中，你也要步步小心，别轻易喝酒。一旦你发现自己喝过别人递给你的饮料，有头晕、脚步不稳、思维模糊的感觉，就赶快趁着尚存的清醒，给家长或其他亲人打电话，让他们来接你，将伤害减少到最小。

老师小结："我们帮助别人，是应当的。但一定要做个聪明的热心人，在帮助别人之前，一定要分析一下，我们能帮别人做些什么，他们的请求是否隐藏着不可告人的目的，他们讲的故事是否符合逻辑。总之，千万别把自己给搭进去。"

情景设置七：上网安全

> 莎莎是一个聪明伶俐的中职生,她 7 岁就学会了上网,近一年里常常利用课余时间沉迷于虚拟世界,她和外省的一个网友聊得特别投机。这个网友说国庆节期间他要到莎莎所在的城市玩,想见见莎莎。莎莎能见他吗?

老师提问:"上网有哪些利弊?上网有哪些注意事项?"

学生讨论,自由回答。(略)

课件展示。

> 1. 上网前应与父母或其他成年人一起建立一个上网规则,先确定一天当中花多少时间上网是合适的,决定什么能做、什么不能做,然后把规则贴在电脑上容易看到的地方。
> 2. 不要跟其他任何人共享密码。
> 3. 在其他人了解你的信息资料前,应得到父母的允许。
> 4. 进一个聊天室之前,要与你的父母或你信任的成年人检查这个聊天室,不同的聊天室有不同的规则和不同类型的人在里面,在进入聊天室之前你和你的父母应该确保这个聊天室是一个适合你的地方。
> 5. 如果在网上看到的某个东西使你觉得不舒服,离开这个网址,并告诉父母或老师。
> 6. 不要随意通过电子邮件把照片发给其他人。
> 7. 如果收到不想要的,故意冒犯,恶意中伤,带有威胁性、骚扰性的电子邮件,不要回复,马上告诉家人。
> 8. 互联网上的东西不一定是真实存在的。
> 9. 不要随意在网上泄露个人年龄。

> 10. 没经过父母或监护人允许，不要在网上泄露自己的全名。
> 11. 不要在网上泄露家庭地址。
> 12. 在网上签名购物之前，先征求你父母或监护人的意见。
> 13. 未经父母允许，别泄露你的信用卡号码。
> 14. 上网时，你要做什么取决于你自己，不要做你不想做的事。
> 15. 不经父母的允许，不要去见网友，特别是单独会见网友，如果你确实想去，要跟父母或监护人一起去。

老师小结："互联网给我们的生活带来了很多方便，但是这个虚拟的世界并不纯净，很多人就是利用网络犯罪的。所以，我们要在利用互联网陪伴我们成长的同时，多加小心，学会保护自己。回想一下我们今天的班会，从交通安全到预防踩踏，从远离火灾到安全上网，无一不是未雨绸缪，我们希望踩踏、火灾、受骗等悲剧永远都不要发生，这就需要我们多一些防范知识。最后，祝愿同学们能够健康茁壮地成长！"

【班会总结】

"安全重于泰山"，这句话一点也不假。我本来打算用一节课把中职生安全问题讲完，没想到学生发言积极，甚至用两节课的时间都有点紧张。所以，很多时候，我们的计划总是赶不上变化。尤其是班会课堂，不能严格按照我们事先设计的思路走。对于交通安全、踩踏事件、火灾、健康上网、性骚扰……每一个话题，都与学生息息相关，是学生深感兴趣的课题。

这也让我想到，以后选择班会主题，一定要多征求学生的意见，从学生的需求出发，同时总结近几年发生的事件，并挑选一些经典的案例进行讨论，学生一定会从中受益的。

> **操作提示**
>
> 1. 关于安全问题，男生和女生的观点总有不同地方，老师一定要做好思想准备，及时引导，避免男生和女生在班会课上因争论而闹得不愉快。
>
> 2. 关于应对火灾、踩踏等事件的方法，可以发动学生的力量，让他们自己上网查阅并总结。但是，学生的语言表达能力和自主学习能力均有差异，为防备学生没有准备好资料，老师自己一定要好好备课，以免在讨论时资料不够。

五、爱情教育

春 的 絮 语

【推荐理由】

1. 中职生情窦初开，在校期间难免会有恋情出现，有时候是被人追求，有时候是追求别人。无论如何，这种情况总让老师困惑：我们应该怎么引导学生正确对待那种懵懂的情感？本次班会给老师们提供了一个不错的参考。

2. 本次班会设计新颖，讨论热烈而深刻，值得推荐。

【适用年级】中职一年级

【班会背景】

中职学前教育专业的女孩子正值妙龄，再加上音乐、舞蹈、美术等艺术的熏陶，日益光彩照人，常引得"对面的男孩看过来"，同时她们自己也会暗恋某个男生。于是，我们像预习语文、数学一样，在班会上预习了青春、预习了爱情。

【班会目的】

1. 认识获得美好爱情的基本条件。

2. 认识自己对恋爱对象的期望和要求。

3．（通过上面的铺垫）认识"苹果"还没有成熟。

4．认识当前的任务（为爱情做准备——努力学习）。

5．激发对美好爱情的追求和向往。

【重点难点】

讨论未来男朋友的条件，并思索如何才能拥有这么优秀的男朋友。

【课前准备】

1．了解学生对早恋的看法。

2．学习歌曲《走进春天》。

3．老师写演讲稿《走进春天，请勿打扰！》。

【设计思路】

1．歌唱《走进春天》，导入第一乐章。

2．通过小品《青春期的烦恼》，询问学生对于被别人追求的看法。

3．在第二乐章《思索春天》里，讨论什么样的男孩子才是我们心目中优秀的男朋友，并思索自己需要具备什么素质才能拥有这样的男朋友。

4．在第三乐章《享受春天》里，朗诵诗歌、散文，明白什么样的爱才是高贵的爱，最后了解爱的戒律。

【班会实录】

第一乐章：走进春天

（领唱、合唱歌曲《走进春天》）

（主持人上）

甲：带着雪花，带着北国缤纷的企盼；

乙：带着梅花，带着南方蓬勃的思念；

甲：带着赤诚，带着不屈不挠的信念；

乙：带着向往，带着明天更好的祝愿；

合：我们走进春天！

乙：我班有女初长成，萧瑟冬日春意浓。05学前教育（1）班主题班会"春的絮语"——

合：现在开始。

乙：首先，让我们开始班会的第一个乐章——走进春天。（音乐起）

甲：春天里有湛蓝的天空，有缥缈的白云；

乙：春天里有绵绵的细雨，有软软的和风；

甲：春天里还有深深浅浅的忧愁，和少男少女剪不断、理还乱的烦恼！下面请欣赏小品——《青春的烦恼》。

（小品讲述一个女孩子在食堂被陌生男生追求的故事。这是发生在我们班真实的故事）

乙：看完小品，我首先想问同学们，在食堂里，你见过这种情景吗？

学生齐声：见过！

乙：哪位同学来说一下。

学生1：有的男生一见我们就问"你叫什么名字？"或"你在哪个班？"，我们不想理他，转身就走，他仍纠缠不休，一直跟到宿舍楼下，真烦人！

学生2：有时我们去打饭，男生就一直跟在女生后边，帮着打饭，还买饼或者烤肠什么的送给女生。其实我们也不认识他，他也不想想，我们难道就买不起一张饼？用这种方法追求女生，水平也太低了。

学生3：还有的男生上课前赖在我们教室的门口不走。

学生4：还有，他们不知道从哪儿知道了我们的电话，经常把电话打到寝室里骚扰我们。

甲：我想问班主任：咱们班的同学这样被男生爱慕、追求，您有什么感想？

老师：我感觉很高兴、很自豪！

学生纷纷：老师您骗我们。

老师：大家被人爱慕，说明你们很可爱、很优秀。总比人家说"李迪培养的女孩子都是母夜叉、丑八怪"好吧！但我希望你们能更优秀一些。

甲：您能说得再清楚一些吗？

老师：好！我想问同学们一个问题。（挑一个学生）如果你有机会去泰山，你愿意去吗？

学生：泰山险峻巍峨，位于五岳之首，有机会我当然要去了！"五岳归来不看山"嘛！

老师：如果你有机会去黄山，你去吗？

学生：去！"黄山归来不看岳"嘛，想必黄山更加秀美壮丽。

老师：那么，如果你有机会去登珠穆朗玛峰，你去吗？你可要想好了，珠穆朗玛峰是很高的，闹不好你的小命会被赔进去。

学生：这个嘛，我要先考虑自己的身体状况，如果身体够强壮，我也是要去的。

老师：是啊！泰山险峻，有机会人人都想去；黄山秀丽，有机会更要去；而珠穆朗玛峰呢，我们不是不想去，但去之前必须要考虑自己各方面的条件是否能征服它。咱们班的同学被男生追求，说明你们很优秀，就像泰山和黄山一样，美的事物人人都想拥有，都想征服。但优秀得还不够。如果我们能像珠穆朗玛峰一样，让爱慕的人在追求之前先思忖一下自己能否配得上，让不优秀的男孩知难而退，这样剩下的男孩就都是优秀的，大家挑选起来岂不容易一些？所以，老师希望你们更优秀一些。

甲：谢谢老师！同学们对这种追求持什么样的态度呢？

学生1：挺烦的！他们总纠缠我们，很容易让别人误会，认为我们不端庄。

学生2：有的男生在楼下直着脖子喊"419，419！"，我们419寝室的人感觉很没面子。追求女孩子用这种方式，素质不太高！

学生3：其实，我们本来也没想那么多，但整天让他们打扰得心神不宁，很影响学习。

甲：同学们的发言很精彩，是的，走进春天会有许许多多的烦恼，最令人烦恼的就是被纠缠不清了。现在，就请欣赏散文朗诵《走进春天，请勿打扰！》。

> **走进春天，请勿打扰！（节选）**
>
> 走进春天，固然要以浓烈的深情书写壮志，以畅快的豪情激荡锐气，以饱满的激情挥洒雄风，但更需要以清醒的头脑沉淀躁动，以厚道的心地稳住偏激，以沉稳的步履踏破沉醉。
>
> 走进春天，请不要用缥缈的辉煌打扰我清新的构思，请不要用遥远的成功动摇我亲切的脚步，请不要用浅薄的结果撩拨我稚嫩的寻找。
>
> 走进春天，请勿打扰。
>
> 还是让我们不要为突然冒出的绿意而得意扬扬吧！绿色的升华注定需要执着地生长。还是让我们不要为短暂诱人的花香而流连往返吧！硕果的培育注定需要艰难的劳作。还是让我们恭敬地开始，谦卑地起步，孤独地酝酿吧！正如一位哲人所说："春天里不要做秋天的梦。"
>
> 所以，我不客气地说：走进春天，请勿打扰！

乙：其实，走进春天，在我们这样的年龄，不光有男孩子动心，有时我们女孩子也会暗暗喜欢一个男生呢！

甲：对！接下来请欣赏歌曲《红莓花儿开》。

（歌曲讲一个少女暗恋一个少男，最终决定不说出来，让心上人自己去猜想）

乙：欣赏完优美动听的《红莓花儿开》，我想问一下同学们，你的身边可有这样的女孩子？

学生：有！

乙：遇到这样的女孩子，你认为她应该怎么做呢？

学生1：有人曾问："怎样让荒芜的田野不长野草？"智者回答："在田野里种上庄稼。"所以，要让这个女孩不再烦恼，只有让她忙起来。

学生2：比如，她可以在烦恼时唱歌、跳舞、弹琴、打篮球。

学生3：她还可以和朋友谈心，或静下心来画画、读书等。

甲：李老师，如果这个女孩子是我们班的同学，您怎么看这件事？

老师：我很理解她。因为只要春天有小草偷偷地从土里钻出来，恋情就不可避免地要在少男少女心头萌发。关键是我们应该怎样面对这个不速之客。苏联著名教育家苏霍姆林斯基对进入青春期的女儿说："走进春天，进入这样一个年龄阶段，你将是很幸福的，但是你必须是明智的，这样你才是幸福的。"从歌曲中可以看出来，这个姑娘还是很明智的。所以，如果她是我们班的学生，我祝愿她幸福，也相信她一定会幸福的。

乙：谢谢老师给我们的指点。同学们有什么看法吗？

学生：我感觉我们年龄还小，讨论爱情这个话题是不是太早了？我们从来没有想过这个问题。

乙：老师，您怎么看她这种说法呢？

老师：这可是个很重要的问题。如果你从来就没有考虑过，那你现在快点想一想吧！因为爱情要降临的时候，是不会和你打招呼的，与其在爱情降临时手忙脚乱、一无所知，不如现在就讨论一下，所以这个话题还是很有必要思索的。

乙：同学们认可老师的说法吗？

（学生纷纷表示认可）

甲：那么，我们现在就进入第二个乐章——

合：思索春天！

第二乐章：思索春天

（音乐起）

甲：思索春天，首先我们应该考虑的问题是：将来我们应该找一个什么样的男朋友？

（甲提问同学，示意乙板书，大致有——）

> 1. 要有责任心，有一技之长，能养家糊口。
> 2. 孝敬父母，有修养，有才华，会办事。
> 3. 要爱家、稳重、大方、会关心人，和自己有感情，能吃苦。
> 4. 个子要高，要帅，很幽默，会打篮球。
> 5. 要爱家、温柔、多情，但只对我一个人多情等。

甲（重复念一遍）：条件可真够高的！

老师：我想问同学们：咱们学校里，有这么优秀的男生吗？

学生齐声：没有！

老师：对！至少现在没有。如果他们在学校能好好学习，将来说不定会有，会符合你们的条件。

学生：好！我们希望他们好好学习，将来符合我们的条件。

老师：在这里我还想问同学们一个问题：你们的条件真的就这么高吗？没有回旋的余地了吗？

（主持人提问学生）

学生：我们当然知道人没有十全十美的，到时候会酌情去掉一些苛刻的条件。

老师：那么，你们认为在这些条件里，哪些是不能去掉的？

（学生回答，答案各异）

老师：我认为，除了真诚、善良、有责任心外，最重要的是拥有一技之长。

乙：难道一技之长比爱还重要？

老师：同学们别把未来想得太轻松、太浪漫，你总得有吃有喝，才能浪漫。当你连烧饼都买不起的时候，谁有钱给你买玫瑰花啊！在心理学家马斯洛的需要层次理论中，人的需要由低到高分为五个层次，分别是：生存的需要、安全需要、社交的需要、尊重的需要和自我价值实现的需要。在这些需要中，第一个就是生存的需要，这就要求我们的另一半必须有一技之长，能养家糊口。怎么才能有一技之长呢？

学生1：现在我们在学校正是掌握一技之长的时候，只有现在认真学习了，将来才有可能不使自己和家人饿肚子。

学生2：那些现在只知道追女孩子、只知道对我们说甜言蜜语的男生，分明就是对自己、对家人不负责任，更不会拥有一技之长。

老师：所以，如果有男生追求你，或者你爱上了某个男生，一定要理智一些，现在不要谈朋友，就当是成全他，让他将来成为一个优秀的男孩子吧！

甲：好！我们一定会成全他们的，大家说对不对？

乙：话题谈论到这里，老师、同学们还有什么要补充的没有？

老师：我还想问一句话：这么优秀的男孩子，他的身边会缺少女孩子吗？

（学生摇头）

乙：是的！这么优秀的男孩子，身边一定不会缺少女孩子。那么，我们应该拥有什么样的条件，才能在众多美眉中脱颖而出呢？

（学生讨论，甲板书——）

> 1. 我们必须有责任心，勤劳善良，善解人意，孝敬父母，温柔大方。
> 2. 有修养，素质高，有一技之长，贤惠。
> 3. 举止优雅，自尊、自爱、自强，能吃苦等。

乙：好！我们有努力的方向了！那么，这些条件，比如有责任心、勤劳、有修养等，究竟是何含义呢？哪位同学谈一下？

（学生自由发言，老师补充，大致内容如下：首先要对自己负责，每天都要认真学习，将来才能有一技之长；要有修养，不能在公众场合大吵大闹，更不能打架、骂人；要勤劳，早上起来把床铺整理好，认真值日；要气质高贵、举止优雅，不能高兴时对谁都笑呵呵的，不高兴时见谁都瞪人家一眼，让人家也不高兴。这需要我们从各方面提高自己）

乙：老师，您还有话要说吗？

老师：如果大家真的能做到这些，幸福的爱情80%就属于你们了。在这里，我愿意代表所有老师和你们的父母、朋友，祝愿你们能真正享受到爱情的甜美。

第三乐章：享受春天

（配乐散文朗诵《爱着，是美丽的》节选）

> 最高尚的爱，便是这样的爱：它在消失之前，是不让人觉察的。它有时甚至是一种带着残缺的美，是胜过滔滔雄辩的沉默。爱，美就美在它是从人的心灵里盛开的鲜花，它比自然界的鲜花更为永恒。
>
> 爱，美就美在它的博大。这种博大足以包容世间万物。是的！世界有多大，爱就有多大。因此，就不要把爱局限在一个狭小的童话王国里吧！爱，绝不仅仅是吟花弄月之余酝酿出的小感情，随着我们一步步地走进社会，脚印在延伸，视野在扩展，爱也会延伸、扩展。爱是一种大境界，让我们去寻找旷世间永恒的天地大爱吧。

乙：谢谢！谢谢你告诉我们"爱着，是美丽的"。

甲：古人曾说："愿身能似月亭亭，千里伴君行！"所以，爱情是美好的！

乙：古人也曾说："衣带渐宽终不悔，为伊消得人憔悴。"所以，爱情是伟大的！

甲：古人还曾说："天不老，情难绝。心似双丝网，中有千千结。"所以，爱情有时候也是苦涩的！

乙：今天的诗人也说："爱——不仅爱你伟岸的身躯，也爱你坚持的位置，脚下的土地。"所以，爱情更是平等的！

合：请欣赏诗朗诵《致橡树》。

（略）

甲：是的！我们要做一个新时代的女性，要的就是这种平等的爱情。但现在还不是谈情说爱的时候，接下来就请大家一起来宣读《爱的戒律》。（学生齐读）

爱的戒律——为早恋的少年朋友而作

千国祥

喜欢一个人，是无罪的；但如果你的爱妨碍了那个人的健康发展，你就是有罪的！

被一个人喜欢或者被一些人喜欢，是无罪的；但如果你利用这些喜欢去玩弄人家的感情就是罪不可赦；或者你陶醉于这个"被喜欢"，而忘了自己的前途，那就是对自己的犯罪！

两个人互相喜欢上了，也是无罪的；但是因为这彼此沦落为平庸者、低贱者，这就是在对自己犯罪的同时又相互犯罪！

有些毒药蘸着蜜糖，几乎没有人能够分辨出来，等到毒发的时候，多半已经彻底无救，这也就是许多年轻貌美的女子一生一无所成的一种解释。这也是我的好几个漂亮的女同学进高中后成绩直线下滑，最终进不了重点大学的原因。

爱，是无罪的；但打着"爱"的旗号的，往往只是一些无所事事者，"爱"成了他们的生活调料。

爱，意味着必须给对方带来欢乐、幸福，而不是灾难、痛苦、前途渺茫。

我知道我这样理解爱情会被另一个我谴责为功利心太强，但至少从我的内心出发，我是绝不愿我爱的人因为我的爱而受到伤害的。或者说，如果我的爱总是带给对方痛苦，那么即使她愿意，我也将从此远离。

甲：其实，青春也是一本厚厚的书。走进春天，进入青春期，如同上课铃声即将敲响。今天，我们怀着激动的心情，像预习语文课或数学课一样，预习了青春，预习了爱情，明白了我们需要的究竟是什么，也明确了自己的努力方向，明白了如何才能获得真正幸福的爱情生活。经过今天的讨论，我相信大家一定能树立正确的恋爱观，珍惜时间，充实自己，为明天的幸福生活打下基础。

主持人合："春的絮语"主题班会到此结束，谢谢大家！

【班会总结】

这是一个以讨论为主的班会，思考较有深度，但学生非常喜欢，发言也特别积极。其成功之处首先在于班会的主题有针对性，是学生感兴趣同时又深感困惑的问题。其次是班主任的引导比较到位。比如：你对未来男朋友的要求是什么？条件真的这么高吗？有没有回旋的余地？哪些条件是不能去掉的？这么优秀的男孩子，身边会缺少女孩子吗？我们应该具备什么样的条件，才能在众多美眉中脱颖而出……这些问话环环相扣，一步步地将学生引向她们应该思索的地方。

操作提示

1. 在问学生"如果你有机会去登珠穆朗玛峰，你去吗？"时，一定要提醒他们"珠穆朗玛峰是很高的，闹不好你的小命会被赔进去"。否则学生脑子一热，说一定要去，后面的话题就不好引导了。

2. 如果班里有男生，在问过女生对男朋友的要求后，可以马上问男生对女朋友的要求。注意顺序不可变，一定要先问女生，再问男生。

3. 在班会前，可适当安排一些恋爱观较好的学生，鼓励他们积极发言。

六、健康教育

呵护花儿一般的身体

【推荐理由】

1. 我们的学生多数来自农村，她们的妈妈受传统文化的影响，很多生理卫生方面的知识，从来不曾告诉孩子。因此，很多进入青春期的女孩子，不知道如何呵护自己花儿一般的身体。这次班会专为中职女生设计，值得一线班主任借鉴。

2. 这次班会想学生之所想，解学生之所难，因此深受学生的欢迎。

【适用年级】 中职一年级

【班会背景】

那天早上，晓晨又开始哭。这段时间，她经常默默地流泪。我推她、拍她、柔声安慰她……我想知道她遇到了什么烦心事，可是她只是皱眉、摇头，压抑着声音，很痛苦地哭泣。我问她的好朋友她怎么了，她们也是一脸茫然。

最后，我把她带到办公室聊天，她才告诉我："老师，我身体不舒服。"说着，她又一次泪流满面。

我问她："你去看医生了吗？"

她的泪水流得更快了，一个劲地摇头。我不再说话，继续耐心地等待着。良久，她才说："老师，我下身痒，简直睡不了觉、上不了课，坐卧不安，又难以启齿。我好难受……"

想来，这也许不是晓晨一个人的困惑，因此我设计了这次班会。

【班会目的】

1. 通过本次班会，让女生认识自己进入青春期后遇到的身体方面的常见困惑，包括妇科疾病、减肥、青春痘等。

2. 帮助学生掌握爱护自己身体的科学方法。

【重点难点】

让女生认识青春期容易出现的生理问题，掌握呵护身体的正确方法。

【课前准备】

1．收集学生成长中遇到的妇科疾病、减肥、青春痘等方面的困惑，写成案例，读给学生听。

2．为学生分组，让她们自己去查找有关知识，与同学们共享。

【设计思路】

1．了解并讨论各种常见的妇科疾病。

2．讨论少女减肥的烦恼。

3．讨论青春痘的烦恼。

【班会实录】

老师："同学们，在漫长的人生旅途中，没有哪个阶段会像青春期这样充满变化。当你看着镜子里的自己渐渐褪去童年的稚气，日益光彩照人或脸上布满了青春痘，当你对镜子里的自己不再满意，打算减肥，当你遇到一些难以言说的病痛，可能你对自己、对他人、对这个世界会有许多新的感受和想法，或兴奋、或欣喜、或痛苦、或恼恨，也可能会困惑、迷茫。今天，就让我们探讨一下自己在青春期会有哪些女生特有的困惑，以及如何正确地应对这些问题。"

情景设置一："初潮"期阴道炎

老师播放幻灯片，与学生一起阅读。

> 雪是个刚步入青春期的姑娘，她在初潮后就觉得外阴分泌物增多，她以为这是初潮后的正常情况，可是过了几天后却出现了脓性分泌物，还有刺痛感，不得不去医院看病。医生经过询问、检查，最后确定，是由于雪用了不洁卫生用品，引起了"初潮"期阴道炎。

老师提问:"什么是阴道炎?少女会有阴道炎吗?雪遇到这样的困惑,应该怎么办?"

学生分组讨论,自由回答。最后,根据班会前的安排,第一组同学派代表将自己事先查阅的资料通过PPT展示给同学们。

> 阴道炎是女性常见病。青春期女子首次来月经时,往往不懂得或不注意经期卫生,慌乱中用了不洁净的卫生用品,致使会阴受到不洁卫生用品的污染,病菌乘机侵犯引起阴道炎。这种"初潮"期阴道炎的主要症状是,会阴部有下坠及灼烧感,阴道分泌物增多,甚至呈脓性薄稠样分泌。由于阴道分泌物外溢,刺激了尿道口,可出现尿频、尿痛等症状。

老师小结:"同学们,呵护我们花儿一般的身体,首先要做好个人卫生,比如每天都用清水清洗下身……"

有学生捂着嘴笑:"每天都清洗啊?"

老师:"当然要每天都清洗。你看看现在城里刚出生的女婴,她们的妈妈每天至少为孩子清洗一次。"

学生1:"是的,我表嫂家的孩子现在一岁多,就是天天清洗的。"

老师:"记住,清洗的时候,不要和别人共用一个盆子,也不能用这个盆子洗脸、洗脚、洗衣服,这个盆子是专门供清洗下身用的。"

学生纷纷:"这么麻烦啊!"

老师:"等你们习惯了,就好了。而且,同学们每天都应更换内裤,内裤洗干净后,要在阳光下消毒。"

学生再次窃窃私语:"没病也需要消毒啊!"

老师点头:"请同学们以后不要乱用杂牌的卫生巾。最需要注意的是,有了身体的不适,一定要及早到正规医院就医。别随便找不正规的小诊所,恢复慢不说,有时他们还胡说八道吓唬你们。"

学生点头。

情景设置二：紧身裤引起的阴道炎

> 小兰进入青春期后，穿上牛仔裤、健美裤，显得越发窈窕动人。所以，她的裤子几乎都是此类紧身裤。但是，前段时间，她常常感觉下身瘙痒。有了难言之隐的小兰到医院检查后，才知道自己患了阴道炎。

老师："你们喜欢穿牛仔裤吗？"

学生异口同声："喜欢！"

老师："你们是否想过这样的穿着会引起妇科疾病？针对这样的情况，我们应该怎么做？"

学生讨论，自由发言。最后，根据班会前的安排，第二组同学派代表将自己事先查阅的资料通过 PPT 展示给同学们。

> 紧身裤性阴道炎，顾名思义，这种阴道炎是因女孩经常穿紧身裤而引起的。这些年来，大多数女青年在穿着打扮上追求时髦、新潮和性感，喜欢穿显露体形曲线美的涤纶丝三角内裤、弹力健美裤、牛仔裤。由于这类裤子紧裆、包臀，裤料为化纤织物，又密不透风，致使阴道分泌物不能及时散发，适宜细菌的滋生繁殖，引起阴道炎。紧身裤性阴道炎的主要症状是：白带增多，阴道和大小阴唇瘙痒，并伴有尿频、尿急等尿路刺激症状。

老师小结："让我们用掌声感谢第二组同学查阅的资料。在炎热的夏天，同学们穿涤纶丝三角内裤或弹力连裤丝袜，阴道和外阴在湿闷多汗的环境中捂久了，便容易患这种阴道炎。大家说，治疗这种阴道炎，应该怎么办？"

学生1："解铃还须系铃人，首先要换掉连裤袜、涤纶丝三角内裤、健美裤等紧身裤。"

老师:"还有呢?"

学生2:"每天清洗外阴,将内裤消毒。"

老师:"再次提醒大家:夏天要多喝开水。一旦有了不适,要及时到正规医院治疗。"

情景设置三:过敏性阴道炎

> 小芬是一个眉清目秀的中职生,追求新潮时髦的她,趁着暑假放假,经常浓妆艳抹,洗浴后也常在外阴部扑些香粉、洒点香水,因此导致下身不适,去医院检查后,才知道自己患了过敏性阴道炎。

老师:"现实中,我们身边是否有热衷于涂脂抹粉的女孩子?"

学生:"有!"

老师:"是否有向全身喷洒香水的女生?"

学生纷纷笑着指几个爱美的学生:"有!"

老师:"患了过敏性阴道炎,应该怎么办?"

学生讨论,自由回答。最后,根据班会前的安排,第三组同学派代表将自己事先查阅的资料通过PPT展示给同学们。

> 香粉、香水所含的化学成分对外阴和阴道黏膜刺激性很大,更容易引起过敏反应而发生阴道炎、外阴炎。还有的女孩沐浴时使用泡沫剂及洗澡油,这些化学物质也容易引起过敏性阴道炎。此种阴道炎以阴道瘙痒、阴道和外阴黏膜红肿及阴道分泌物增多为主要症状。

老师小结:"爱美之心人皆有之,但是,我们在追求美的时候,一定要认准方式方法。中职阶段的女孩子本身就清新可人,没有必要涂脂抹粉,更没有必要在身上乱撒香粉、乱抹香水。同学们说，一旦有了这样的病症，应该怎么办？"

学生纷纷："不要再用香粉、香水或那一款的沐浴露。"

老师："还有呢？我强调多次了。"

学生笑："一定要及时到正规医院就诊。"

老师："好！接下来，我们看下面的小案例。"

情景设置四：减肥引起的烦恼

> 小玲进入青春期后，对自己的外貌特别关注。看着日益丰腴的身材，她发誓要节食减肥。一开始，她拼命控制自己的食量，常常饿得头晕眼花。慢慢地，她即使不吃饭也不感觉饿了，人自然也消瘦下来。发展到最后，她有了厌食症，看见食物就觉得恶心，成绩也直线下滑。

老师提问："现实中有拼命减肥的同学吗？"

学生依然捂着嘴笑，不回答。

老师："我可听说有。"

学生3："老师，今天韩子早上、中午都没吃饭。"

韩子："我吃了，我吃了一包薯条、一包辣条。"

老师："薯条是油炸食品，辣条是垃圾食品，既没有营养，又容易增肥，你竟然吃薯条和辣条，还不如喝粥呢！"

韩子："不只是我吃，咱们班好多人都经常吃。"

老师："好的，同学们说，科学的减肥方法应该是怎样的？"

学生讨论，自由发言。最后，根据班会前的安排，第四组同学派代表将自己事先查阅的资料通过PPT展示给同学们。

> 少女正处于发育时期,身体需要大量营养,如果过度节食,就会阻碍身体的发育,导致第二性征、身高等发育不良。如果实在肥胖,可以通过运动、锻炼减肥。

老师小结:"第四组同学准备充分吗?"

学生纷纷:"不充分!她们自己都整天嚷着减肥。"

老师:"如果你们真的很胖,我也建议你们减肥。但是,我们应该查阅一些资料,用科学的方法减肥。进入青春期的少女,身体发育加快了,变得丰满起来。这时如果不注意控制饮食和增加运动量,就很容易胖起来。青春期少女一般不用减肥,但是如果体重超过了正常体重的20%,就应该减肥了,这时,我们要注意的是:首先,抽脂术、药物减肥、大运动量减肥和过度节食减肥等都不适合青春期少女采用,因为这些减肥方法都会导致少女发育不良,产生各种疾病,其次,不宜采用饥饿疗法,少女正处于发育时期,身体需要大量营养,如果过度节食,就会阻碍身体的发育,导致第二性征、身高等发育不良。

"那么,我们应该怎样预防肥胖呢?我建议大家保持身心健康愉快。精神愉快,多参加社交活动,既能多消耗热量,又能忘却饥饿;反之,如果精神抑郁,就会不自觉地吃大量的食物,从而导致身体发胖。"

情景设置五:青春痘的烦恼

> 小洁是一个初三女生,近一年来她脸上的痘痘此起彼伏,层出不穷,令她十分烦恼。痘痘痒起来的时候,她就忍不住用手去挤,结果越挤脸上的疤痕越多。小洁真不知道该怎么办才好了。

老师提问:"进入青春期的同学们,你们有这样的烦恼吗?你们认为怎样对待脸上的痘痘才是最科学的?"

学生讨论，自由回答。最后，根据班会前的安排，第五组同学派代表将自己事先查阅的资料通过 PPT 展示给同学们。

> 青春痘又叫痤疮，是一种损容性的皮肤疾病，累及毛囊及皮脂腺，易反复发作。皮损主要发生于暴露部位，如面部、前胸和背部，如果不及时治疗，会或多或少地影响到患者的外貌和心理健康。
>
> 中职生出青春痘的原因，除了内分泌，还有以下几个方面：
>
> 1. 流汗后或洗脸后，没有随手擦干脸的习惯，弱碱性的汗水有利于细菌繁殖，中性的水质会稀释皮脂膜的酸度，使其抵抗外菌侵入的能力减弱。
>
> 2. 习惯摸摸脸、摸摸头发或是有用手托腮的习惯，手上的污垢经常会因此沾到脸上而产生青春痘。
>
> 3. 爱吃肉、油炸食物、甜点，不爱吃青菜和水果。吃肉而不吃蔬菜和水果会使消化系统不正常，体内毒素堆积。
>
> 4. 喜欢以速食、泡面做消夜，容易造成便秘，诱发青春痘。
>
> 5. 常到午夜 12 点后才就寝，造成内分泌紊乱，使皮脂腺过度分泌。
>
> 6. 睡前不做柔软的体操。睡前做些伸展运动可适度帮助肠胃蠕动，促进新陈代谢，帮助排出毒素。
>
> 7. 很少喝水，肌肤缺水自然会刺激毛孔排出油脂。
>
> 8. 没有定期更换寝具的习惯，细菌滋生引发青春痘。

老师小结："第五组同学准备得怎么样？"

学生鼓掌："好！"

老师："产生青春痘的原因比较多，但去除青春痘的方法也很多，有些方法还是比较简单有效的。我们除了改正以上所说的不良习惯，还可以每天喝

1 杯西红柿汁或经常吃西红柿，因为西红柿中含有丰富的维生素 C，被誉为'维生素 C 的仓库'。维生素 C 可抑制皮肤内酪氨酸酶的活性，有效减少黑色素的形成，从而使皮肤白嫩、痘印消退。也可以试试每天吃一粒维生素 E 或维生素 C，总之不要用手去挤。

"同学们，你们是花季少女，老师希望你们能像花儿一样美丽健康，但是，一定要注意用科学的方法去呵护自己的身体。在此，老师祝愿你们每天健康快乐！"

【班会总结】

在召开班会之前，我一直担心学生在课堂上不能畅所欲言。谁知现在的孩子其实比我们想象的大方。她们迫切地想了解这方面的知识。平时没有机会，大家也就闭口不谈；一旦有了机会，学生嘻嘻哈哈的，气氛反而相当活跃。这样把生理卫生的知识拿到课堂上去讲，至少学生有了妇科病，不致被同学怀疑是"性病"，不致自卑到不敢去正规医院求助。

这次班会的另一个成功之处在于，我提前分组安排学生自己去查找资料，并在班会上讲解。学生查阅资料的过程，就是学习的过程，尤其是她们对自己找的资料总是格外感兴趣，比起老师直接把知识告诉她们，效果要好得多。

【操作提示】

1. 班会前让男生出去自由活动。

2. 为女生分组，并督促她们查阅相关资料。

3. 老师对每一个话题、每一个知识点都要提前备课。如果学生准备充分，就用学生的资料；如果学生准备不充分，老师查阅的资料要及时跟上。

第三学期 培养淑世好情怀

第三学期是整个中职生涯中最重要的一学期,也是班级可塑性最强的一学期,更是充满机遇和挑战的一学期。这时,学生经过了一年级新生的好奇和梦想,有的学生的专业课在全班脱颖而出,有的学生却遭遇了以前不曾经历过的挫折。很多学生在这一学期开始进入了发展的瓶颈阶段,如何远离烦恼快乐成长,如何宽以待人,如何成为有责任心的好青年,如何评价、接受社会的不完美,如何面对失败……都是学生深感困惑的问题。学校教育在丰富学生阅历的同时,为他们解惑、传道、授业,就成为我们班主任工作的重点,也成为我们主题班会的重点。

因此,我挑选了"远离烦恼,快乐成长——天底下的三件事""培养豁达和宽容的心态——姑且让'3乘以8等于23'"这两个班会。在顺利召开了以上两个班会后,又衍生出了"培养责任感——不是我的错"这一班会。针对社会上"老人摔倒后,扶还是不扶"等学生深感困惑的热门话题,我们也做了讨论,切实为学生解惑,并引导学生养成辩证地看问题的习惯。

在困惑中反思,在反思中进步,是这一学期主题班会的关键词。

一、远离烦恼,快乐成长

天底下的三件事

【推荐理由】

1. 中职生正值青春期,生理年龄和心理年龄往往不是同步发展,看问题难免片面。他们常常自寻烦恼，明明是自己的错，却还不自知。这时，班主任该如何引导？本班会以心理学中的"合理情绪疗法"为原理，做了大胆的尝试。

2. 本班会讨论热烈，气氛活跃，很多学生的情绪问题都在班会中迎刃而解。

【适用年级】中职二年级

【班会背景】

谁道闲情抛掷久，年年春来，惆怅却依旧……

正值青春期的孩子本来就个性张扬、逆反心理强，而职业学校的学生更因缺乏规则意识，免不了屡屡与教师、成人、校规等发生冲突。他们受了批评或限制后，会很郁闷、很困惑，心中充满挫败感。这时，教师仅仅依靠苍白的说教或生硬的惩罚等，显然不能让他们信服，更不能满足他们成长的需要。因此，我设计了这个班会，试着引导学生自己去分析自己不快乐的原因。

【班会目的】

1. 通过大量案例讨论，让学生了解遇到烦恼后如何开导自己。
2. 使学生初步掌握开导朋友的方法。
3. 通过讨论，让学生明白，人最大的爱心是呵护好自己这颗心，别让自己的心总是生气、烦恼。

【重点难点】

1. 引导学生明白人不快乐的原因是什么，人要获得快乐该怎么做。
2. 按照"天底下的三件事"的观点，与学生一起讨论在生活中遇到困惑该怎么分析并处理。

【课前准备】

教师准备案例、课件供学生讨论。

【设计思路】

1. 播放幻灯片《天底下的三件事》。
2. 讨论"天底下的三件事"的内涵。

3．疑惑"天底下的三件事"。

4．运用"天底下的三件事"。

【班会实录】

1．播放幻灯片《天底下的三件事》

老师："同学们，今天我们召开'远离烦恼，快乐成长'的班会。在班会的开始，我们首先来欣赏一个小课件。注意，我希望同学们看一遍，就能流畅地背诵下来。"

老师播放幻灯片，伴随音乐，幻灯片上的内容显现出来，老师带领学生一起阅读。

> 天底下其实只有三件事。
>
> 首先，是自己的事。要不要学习、吃什么东西、开心不开心、要不要帮助别人等，凡是自己能主导的事情，都属于自己的事情。
>
> 其次，是别人的事。比如：小张好吃懒做；小李来自单亲家庭；小刘对我不满；我帮助了别人，别人却不感谢，等等。凡是别人能主导的事情，均属于别人的事情。
>
> 最后，是老天爷的事。比如地震、刮风、下雨等。凡是人力不能解决的事情，都属于老天爷管辖的范围。
>
> 人的烦恼一般来自：忘了自己的事情，总想干涉别人的事情，担心老天爷的事情。因此，人要快乐很简单，只要打理好自己的事情，不去干涉别人的事情，不操心老天爷的事情，足矣。只要你能静下心来去"观照"，就会发现，天底下果真只有这三件事：自己的事，别人的事，老天爷的事。因此，下次心情不好的时候，赶快问自己：这件事究竟是谁的事……

学生一边阅读，一边点头，一边微笑……

2. 讨论"天底下的三件事"

老师:"现在让我们再来背诵一遍幻灯片上的话,天底下有几件事?"

学生:"三件。"

老师:"首先,是谁的事?"

学生:"自己的事。"

老师:"比如,天冷了,要不要增加衣服,是谁的事?"

学生:"自己的事。"

老师:"对!如果天冷了,你不增加衣服,回头被冻感冒了,能不能埋怨父母?"

学生笑:"不能。因为那是自己的事情没做好。"

老师:"还有,学习不学习、上课认真不认真听讲、写不写作业等,都是谁的事情?"

学生:"都是自己的事情。"

老师:"如果你现在不好好学习,不认真听讲,不写作业,整天旷课、迟到、玩手机,将来你找不到工作,能不能埋怨老师和学校?"

学生:"不能。"

老师:"为什么?"

学生:"因为学习是自己的事情,找不到工作应该埋怨自己为什么不好好学习。"

老师笑:"OK!同学们理解得非常到位,老师欣赏你们!接下来,我们讨论第二件事。它是谁的事?"

学生:"别人的事。"

老师:"比如,咱们班有个同学找我谈心,对我说:'老师,你看咱们班的××,她快要气死我了!平时吃饭的时候、逛街的时候,我都会叫她和我一起去。我对她那么好,但是,她今天上厕所,竟然没有叫我,却叫了别人……'"

学生纷纷笑。

老师："现实中有没有这样的例子？"

学生："有。"

老师："这个同学烦恼的根源在哪里？"

学生："她想干涉别人的事。"

老师："对。你对她好，你事事都叫上她，那是你的事。但是人家对你好不好，是谁的事？"

学生："是人家的事。"

老师："现实中还有这样的事情——有的同学来找我，说：'老师，你看看××，我帮了她那么大的忙，她竟然连谢谢都不说，好像我应该帮她似的，真是气死人了！'"

学生大笑。

老师："大家说，我们应该怎么劝这个同学？"

学生："你帮人家，那是你的事；她说不说谢谢，那是她的事。就算你为此气死，她还是不会说谢谢，你气也是白气。"

老师："别人的事还包括哪些？哪位同学来举例说明一下？"

学生："比如，××父母离婚了，有人就会好奇并打听：她父母怎么就离婚了啊！——离婚是人家的事，你最好不要干涉。有人说：啊！咱们班的××老师今年都28岁了，怎么还不结婚？——结不结婚也是人家的事，你最好也不要管……"

老师："好！看来大家对第二件事的理解已经很到位了。现在我们来看第三件事。它是谁的事？"

学生："老天爷的事。包括地震、刮风……"

老师："比如，有的同学早上不想跑操，就开始祈祷第二天早上下雨。结果第二天醒来，一看是个大晴天，便开始生气。他生谁的气呢？"

学生笑："他生老天爷的气。"

老师："你跟老天爷生哪门子气啊？这不是无故寻愁觅恨吗？对于我们难

以扭转的事情，我们只能接受……"

3．疑惑"天底下的三件事"

班会进行正热闹之时，忽然有学生站起来提了一个建议。

学生："老师，您今天说得真好！天底下只有三件事：自己的事，别人的事，老天爷的事。现在我知道了：学习不学习是我的事，听课不听课是我的事，写不写作业也是我的事，迟到、旷课、玩手机……都是我的事。那么下次我要是迟到了、旷课了、不写作业了，你就不要管我了。因为你不能管别人的事。"

其他学生一下子愣住了，接着就开始笑——他们想听听老师怎么回答。

老师也笑了："这个问题提得好。同学们，如果你是老师，学生要是这样问你，你怎么回答？"

学生思索了一会儿，有人小声嘀咕。老师马上鼓励，让他站起来回答。

学生："如果我是老师，我会说：学习不学习是你的事，听课不听课是你的事，迟到、旷课、玩手机都是你的事。但是，管你，就是我的事。"

老师："同学们，这个同学的回答如何？"

学生："好！鼓掌！"

老师："对！学习不学习、旷课不旷课是你的事，但是，管你，或者说指导你、教育你、陪伴你走上正途，就是我的事。如果你整天迟到、旷课、不写作业，我竟然不管你，同学们说，我有没有做好自己的事？"

学生："没有。"

老师："我没有做好自己的事，烦恼就会出现。同学们说，我的烦恼、压力可能会来自什么地方？"

学生讨论并总结："首先来自学校领导——交给你一个班，你看看你是怎么当班主任的，学生迟到、旷课你都不管；其次来自家长——我把孩子交给你，他整天玩手机你都不管；最后来自同学们——看我们班乱成什么样了，我们的班主任竟然不管，简直没有一点责任心。"

老师:"同学们,如果我的领导、家长、学生都谴责我,我的心情还会好吗?"

学生:"不会,你会很郁闷。"

老师:"所以,我要快乐生活,我要轻松自在,就必须做好自己的事,就必须制止你们旷课、迟到、玩手机。我们每个人都做好自己的事,生活就和谐了。"

4. 运用"天底下的三件事"

老师展示案例,让学生讨论发言。

> 案例1:小丽的褥子很厚,其床铺总是不平整,寝室因此常被扣分。这一天,她把床单弄脏了,早上、中午都没时间洗。晚上同寝室的几个女孩就把小丽打了一顿,说看不惯她弄脏床单的样子。

老师提问:"你怎么评价这件事?小丽和那几个女孩的做法各有什么不妥之处?正确的做法是什么?"

学生1:"小丽的床单脏了没洗,这是小丽的事,同寝室的人不应该干涉别人的事。"

学生2:"但是,保持寝室卫生是所有寝室成员的责任。寝室总是因为她被扣分,也难怪寝室长和同学们生气。"

学生3:"就算小丽有错,同学们也不能因此打她啊!应该帮助她、说服她。"

老师:"是的,同学之间要相互帮助。你们认为正确的解决方法是什么?"

学生4:"小丽的褥子不平整,是因为褥子太厚了。同学们可以说服她换一床薄一点的褥子。"

学生5:"而且,小丽把床单弄脏了,同学们可以劝她把床单撤下来,换一条干净的,或者帮她洗一洗。"

学生6:"总之,这件事情小丽没做好,她应该让自己的床铺干净整洁一些;而同寝室的同学也有责任,她们不应该用武力解决问题。"

老师:"所以,她们都有了自己的烦恼。小丽因为没做好自己的事挨打了,而同寝室的女孩因为打小丽被老师批评。可见,我们做不好自己的事,就不会快乐。"

同学们纷纷点头。

> 案例2:学生晓晴的每只耳朵上都戴了三个耳钉,早读时被学生会干部发现,班级被扣分。晓晴很生气,低声骂学生会干部:"×××(脏话),就你眼尖!"老师急忙制止,晓晴说:"他也是个学生,凭什么管我?"

老师提问:"如果你是晓晴的朋友,你会怎么劝解?"

学生分组讨论,派代表发言。

学生1:"如果我是晓晴的朋友,我会说:'学生会干部的职责之一就是监督、检查我们的仪容仪表和卫生纪律,人家管我们是正确的。'"

这时,有学生低声嘀咕:"啊?作为朋友,怎么能不帮朋友说话?哪里有这样的朋友啊!"

学生2:"是好朋友,就应该当面指出不足。"

老师:"我赞成这一观点——是好朋友,就应该当面指出不足。真正的朋友,是帮理不帮亲的。否则,你和别人闹了矛盾,你的朋友是非不分地帮你指责他人,不亚于在你的怒气上火上浇油。"

班里的学生一脸迷茫。

老师:"比如,十年后,你有一个闺蜜和老公闹了矛盾,离家出走投奔你。这时,你应该怎么做?"

学生纷纷:"收留闺蜜住下,并劝她早点回家和老公和好。"

老师竖起大拇指："非常棒！倘若现在你和学生会干部闹了矛盾后，你的朋友帮着你指责学生会干部，将来有一天你和老公闹了矛盾后，她也会帮着你指责你老公。有了这样的闺蜜，何愁离婚不提前？"

学生笑。

老师："婆媳之间有了矛盾也一样啊！你的闺蜜和婆婆闹了矛盾后来找你诉说，你若明智一点，就该告诉她：'我们都有老的一天，不能要求婆婆必须按照我们的意思做……'倘若你说：'对对对！天底下的婆婆都是狼外婆，我教你一招，保准气死狼外婆……'"

学生狂笑："这个闺蜜也太狠了，让人家的家庭不和睦呢！"

老师："这就是'帮亲不帮理'的典型。这样的朋友你敢要吗？"

学生摇头："不要，不要。"

老师："我们继续讨论，晓晴和学生会干部闹了矛盾，如果你是晓晴的朋友，该怎么做？"

学生3："我会对晓晴说：'你不该戴耳钉，这事本来就是你没遵守校规，你的苦恼来源于你没有做好自己的事；而学生会干部是在执行他的任务，他若不指责你，就是他没做好自己的事。现在，大家若都能做好自己的事，就万事大吉了。'"

师生一起鼓掌。

> 案例3：昨天晚上有值日生没有打扫卫生，班干部发现后，替值日生打扫了卫生，并将此事告诉了班主任。今天班主任批评了值日生，值日生很生气，骂班干部是"汉奸""叛徒"。

老师提问："现实中有这样的情况吗？"

学生："有。"

老师："这件事问题出在哪里？如果你是值日生的朋友，你怎么开导他？如果你是班干部，会怎么想？"

学生6："这件事的根源在于值日生没值日。"

老师："班干部做得怎么样？"

学生7："班干部还替值日生值日，做得不错。他向老师反映班级情况，也是他应该做的事，所以同学们不能骂他是'汉奸''叛徒'。"

学生8："老师，我有不同意见。这个班干部在发现值日生没有打扫卫生后，不应该替值日生打扫，他应该马上把值日生叫回来，让他们自己打扫。如果值日生不肯回来，他再替值日生值日也不迟，然后把此事告诉老师。我认为这样比较好！"

老师："这位同学的建议如何？"

学生鼓掌："好！"

> 案例4：张老师在活动课时走进教室，正好看见班里最淘气的男生小高捧着玫瑰向班长小敏求爱，教室里播放着周杰伦的歌曲，全班每个同学都手拿一支玫瑰花替小高加油。

案例还没看完，学生就开始惊呼："哇——好浪漫啊！"

老师提问："如果你是小敏，会同意吗？为什么？"

学生3："老师，说实话吗？"

老师："当然是说实话。"

学生3："我会同意的。多浪漫啊！"

学生8："我不会同意。"

老师："为什么？"

学生8："不知道，我就是不会同意。"

学生7："她可能觉得自己年龄小吧！"

有同学"咦"了一声，表示不屑。

学生9："这要看我跟这个人有没有感情了。如果有爱，一朵玫瑰花足够了；如果无爱，你把全世界的玫瑰花都送来，也没用。"

学生纷纷点头。

老师:"我们继续看案例发展。"

(故事继续)

> 案例5:小敏拒绝了小高。小高尴尬不已,拿着玫瑰花继续哀求。小敏眼泪汪汪的,被逼到墙角,还是不答应。小高极度郁闷。

学生3:"小敏果然拒绝了小高。"

老师:"小高郁闷的根源在哪里?如果你是小高,该怎么接受现实?如果你是小高的班主任或朋友,会怎么劝解他?"

学生1:"这个小高不靠谱。我们在做任何一件事情之前,都要预设两种结果:一种结果是成功;另一种结果是失败。小高只想到自己追求成功,会成为美好的回忆,却没有想到一旦失败,他该怎么收场。所以他太不靠谱了,难怪小敏会不同意。他若感觉没面子,也只能怪自己。"

学生2:"如果我是小高的朋友,我会说:'天涯何处无芳草?何必单恋这根草。'"

老师:"这不行!小高可能会说:'天下芳草千千万,我偏偏就恋这根草。'"

学生频频点头。

学生6:"我会对小高说:'你拿什么追小敏?如果你的成绩比她好,她可能会同意;如果买玫瑰花的钱是你自己挣的,不是你老爸的,她也可能会同意;如果播放的歌曲不是周杰伦唱的,是你自己唱的,她也可能会同意。你现在这个样子,让小敏怎么同意?'"

学生5:"小高本来就感觉丢了面子很郁闷,你这样一说,他更加郁闷,说不定跳楼的心都有了。"

老师:"你们可以用我们今天班会的内容开导小高啊!"

学生纷纷:"怎么开导?"

老师:"我送给你们一句话:'你爱谁,你恨谁,是你的事,和别人无关;谁爱你,谁恨你,是他的事,和你无关。'"

学生:"我明白了。我们可以告诉小高:'你爱小敏,是你的事,但你不能要求小敏必须爱你,因为爱不爱你,是小敏的事,你不能管别人的事。'"

学生鼓掌:"这样一来,小高可以不失面子,甚至可以告诉小敏:'我今后一定努力、奋发,将这次失败化作动力,十年后,我会成为最优秀的男子汉!'"

> 案例6:一年一度的评优评先开始了。班长格外郁闷。她觉得自己为班级辛苦地工作了一年,最终却没有评上优秀班干部,太让人伤心了……

老师提问:"如果你是班长,会怎么开导自己?如果你是班长的朋友,该怎么开导班长?"

学生1:"我会说:'做好我的工作,是我的事情;他们投不投我的票,是他们的事情。'"

学生2:"这个说法太不切合实际了,若是我,我还是会难受的。"

学生1:"关键是,你难受也没用,还是选不上。"

学生3:"如果是我,我会说:'这次算了,下次还有机会。'"

老师:"如果你一直很努力,下次、下下次却一直没评上呢?"

学生纷纷:"不会这样吧!"

老师:"会的。我给你们讲一个故事。有两棵苹果树,第一年它们都努力生长,最终结了10个苹果,有9个被拿走,两棵苹果树各剩1个。其中一棵苹果树非常生气,第二年自断经脉,只结了5个苹果,有4个被拿走,自己还是剩下1个。这棵树便很高兴:去年盈利10%,今年盈利20%,利润翻了一番呢。另一棵苹果树却在第二年更加努力地生长,最终结了100个苹果,有99个被拿走,自己还是剩下1个。这棵苹果树继续努力,第三年,它已经成为整个园子里的一道风景，周围的人纷纷来参观它。就在第一棵苹果树行将枯朽时，第二棵苹果树却枝繁叶茂、硕果累累。同学们，有一天你们会走上工作岗位，你会发现，你辛辛苦苦地干一年，最后优秀和先进却没你的份儿。有的员工气愤不过，开始得过且过、不思进取、敷衍工作，反正好好干得不了先进，不好好干也得不了先进，何不轻松自在一点？但是，另一个员工和他不一样，他虽然兢兢业业地工作，一直没有获得先进、优秀等称号，能力却提高得很快，不久他就在业内小有名气，很多公司都开出优厚的条件吸引他。而第一个得过且过的员工，几年后就算他想跳槽，也不知道自己会干什么。是谁毁了他？正是他自己。因此，很多时候，努力工作、学习、思考是我们自己的事，成长本身就是一种收获，何必非要在意别人的评价？别人的评价是别人的事，这个班长的组织能力、协调能力等都得到了锻炼，这就是收获啊！"

学生鼓掌："谢谢老师。"

5．小结

老师："今天我们在班会课上讨论了人们遇到挫折、烦恼后该如何开导自己。请记住，人的烦恼主要来自没有做好自己的事、总想干涉别人的事、担心老天爷的事。所以人要快乐，很简单，就是做好自己的事，不干涉别人的事，不操心老天爷的事。下次当我们遇到烦恼时，请马上静下心来问自己：'这件事究竟是谁的事？'想明白这些，你就会豁然开朗。希望同学们在以后的日子里每天都快乐。"

【班会总结】

这次班会其实是运用了心理学中的理论"合理情绪疗法"。

合理情绪疗法（Rational-Emotive Therapy，简称 RET）是 20 世纪 50 年代由阿尔伯特·艾利斯（Albert Ellis）在美国创立的。合理情绪疗法是认知心理治疗中的一种疗法。这种理论用最通俗的语言简而言之，就是：导致我们产生情绪困扰的不是事件，而是对事件的看法。当我们对事件的看法合理时，就不会过于难过。或者说，合理的信念会引起人们对事物的适当的、适度的情绪反应；而不合理的信念则相反，会导致不适当的情绪和行为反应。

本次班会一开始，我就让学生接纳了一种观点：如果想要快乐，就要做好自己的事，不要管别人的事，不操心老天爷的事。然后，再用一个个的案例去套用这种观点，困扰学生情绪的烦恼就迎刃而解了。这是对心理学知识运用的尝试，可以说初战告捷。

但是，真理永远是相对的。在接下来的日子里，本次班会的"副作用"就产生了。

操作提示

1. 老师要熟知"合理情绪疗法"的 ABC 理论。
2. 在讨论学生案例的时候，注意不可伤害学生的自尊心。

二、培养豁达和宽容的心态

姑且让"3 乘以 8 等于 23"

【推荐理由】

1. 中职生正处于青春期，有时候为了面子，一言不合就对同学大打出手；有时候在与同学、老师的争执中，自认为真理在握，不明白退一步海阔天空的道理，最终酿成大祸。针对这种情况，很多班主任不知道该如何应对。本次班会做了值得借鉴的尝试。

2. 这次班会是由"远离烦恼，快乐成长"主题班会衍生出来的，两次班会在一起，为老师们解答了何为"衍生性班会"。

【适用年级】中职二年级

【班会背景】

学校要求我将自己设计的班会在自己的班召开后，到别的班级也召开一次。我在电子班召开了"远离烦恼，快乐成长"主题班会后，再次到他们班上课，首先温习上节课的内容。我问学生："我们在上节课上学习的'天底下的三件事'包括哪些？"

答案的大致内容在那节班会课上探讨过。当初我们的讨论很精彩，也很热烈，我以为学生对这个道理理解得不错。但是，上周我将问题提出来后，学生晓晨在纸上写的答案是："天底下只有三件事，那就是房子、车子和票子……"

我看后不禁勃然大怒，大声责问他："上节班会课你都学了些什么？怎么写了一个这样的答案？你敢不敢让我当着全班同学的面把你的答案念出来？"

晓晨马上涨红了脸，很生气地制止："不要念，把这张纸还给我……"他伸手就将纸夺了回去，怒气冲冲的，对我横眉冷对……还好，我是个有一定教龄的老师，没有继续和他纠缠。

但是，下课回到办公室，我冷静下来想一想，这件事我也有做得不妥当的地方（无论如何，师生感情的僵化就有我们老师的一部分责任）。想必晓晨已经很讨厌上我的课了吧！也许他以后就会跟我对着干呢！我该怎样弥补自己的失误呢？

【班会目的】

1. 让学生明白"退一步海阔天空"的妙处，学会道歉。
2. 让学生感受什么样的心态才是健康的，遇到事情该怎么做明智的选择。
3. 避免学生在冲动之下打群架，防患未然。

【重点难点】

1. 引导学生明白退一步的妙处。
2. 与学生一起探讨遇到困扰时如何选择才是最明智的，怎样的心态才是最健康的。

【课前准备】

1．准备故事《3乘以8等于23》。

2．收集案例、设计问题，让学生回答。

【设计思路】

1．向上节课上与我闹矛盾的学生晓晨道歉。

2．讲故事《3乘以8等于23》。

3．提问：禅师、书生甲、书生乙这三个人，谁的心理最不健康？他的人生快乐吗？

4．让学生畅谈：现实中，你是否遇到过"3乘以8等于23"的事情？情况是怎样的？下次再遇到这样的事，你会怎么做？

【班会实录】

第一乐章：道歉

上午有电子班的课，上课开始，老师首先真诚地向晓晨道歉："晓晨，对不起，上周的课堂上我们发生了冲突，是我错了。"

全班学生——包括晓晨，都惊呆了："老师，你怎么了？"

晓晨："老师你不是在说反话吧？！你讽刺我呢！"

老师更加真诚："当然不是反话，我是真的感觉自己上节课上的表现不好。因为是否认真备课、上课，是我的事情，学生没有认真听讲，我严厉批评、严格要求，也是我的事情，但学生接受不接受我的观点，是学生的事情。我这样强迫你认可我的观点，就是在干涉你的事情，这是导致我产生情绪困扰的最主要的原因。老师曾经在课堂上对你们讲，不快乐的根源之一，就是总想干涉别人的事。现实中我却做不到尊重你的选择，总想干涉你的观点，这说明那些理论还没有内化为我自己的素质。这是老师错了，我向你道歉。"

晓晨很吃惊地看着老师，似乎不相信自己的耳朵："老师，您可别这么说，我上节课不应该故意气您。其实您说的话很有道理。但是，我表哥春节时告诉我，房子、车子和票子最重要，所以我就写了那个答案。"

老师:"是啊!社会上有你表哥这种说法。我作为老师,应该而且必须把自己认为正确的观点与你们分享。但是,我不能要求你必须接纳我自己的观点。现在我郑重向你道歉,我错了,我不该强迫你接纳我的观点。同时,让我借用伏尔泰的一句话对你做出声明:我坚决反对你表哥的观点和你上周的答案,但是我誓死捍卫你发表自己观点的权利。因为我尊重你。作为老师,我还要提醒你的是:人并不是有了房子、车子和票子就会快乐,那房子、车子和票子更不是你想有就可以有的。所以,当你不快乐的时候,一定要想一想我们这学期所讲的心理健康知识,想一想是不是不正确的观念导致你不快乐……"

晓晨欣然接受了老师的说法,连连点头:"谢谢老师!"

第二乐章: 3乘以8等于23?

在老师向晓晨道歉后,班级里一团祥和。

老师:"同学们,现在我们开始新的班会。在开班会之前,让我们欣赏一个故事。"

老师播放幻灯片,挑选学生讲故事。

> 很久以前,有两个书生为3乘以8到底等于24还是等于23而发生了争执。两个人都相信自己真理在握,于是一起去找著名的禅师寻求答案。
>
> 在禅师面前,书生甲说:"我认为3乘以8等于24。"书生乙说:"不,我认为3乘以8等于23。"书生甲接着说:"如果3乘以8不等于24,我愿意向你道歉。"书生乙说:"如果3乘以8不等于23,我就一头撞死在墙上。"
>
> 最后两个人一起将目光投向禅师,禅师的眼睛微微一睁,正色道:"3乘以8,当然等于23了。"
>
> 于是,书生甲向书生乙道了歉……
>
> 但是,书生甲在回家的路上,越想越不对劲,就回来问禅师:"3乘以8明明等于24,您为什么要说3乘以8等于23呢?"

> 禅师说:"3乘以8当然等于24了,但是你看那个书生乙,他都为3乘以8等于23要一头撞死了,我们还不能告诉他3乘以8就是等于23吗?"
>
> 书生甲恍然大悟……

故事还没讲完,学生就开始会心地笑。

老师带头为讲故事的学生鼓掌:"这就是我们中国的哲学。我们的祖先很多时候是不太讲原则的,但是这不讲原则的背后,却是高贵、温和、宽容、富有爱心。同学们注意:在此,我绝无轻视原则的意思,只是感觉人世间最高贵的情操是难以用原则、法则来衡量的。比如,以前我们讨论过的科尔伯格道德发展论的'后习俗水平'里的第六阶段,即普遍道德原则的定向阶段。处于这一阶段的个体,其认识超越了法律,认为除了法律以外,还有诸如生命的价值、全人类的正义、个人的尊严等更高的道德原则。因此,'道德两难'故事里的海因兹有责任挽救任何人的生命,不管这个人是他的妻子、朋友还是素不相识的陌生人。当书生乙为3乘以8等于23而打赌要失去宝贵生命的时候,禅师尊重生命,不惜将错就错;书生甲也愿意道歉。现在,让我们思索一下:书生乙显然在争执中胜利了,但是,我们的目标究竟是为了在争执中胜利,还是获得更快乐的生活?"

学生纷纷:"当然是要快乐地生活。"

老师:"在故事里,书生甲和禅师都向书生乙退让了一步,但这样的退让是软弱吗……"

学生异口同声:"不是软弱。"

老师:"不是软弱,那是什么?"

学生愣了一下,片刻后,班长站起来:"不是禅师和书生甲软弱,而是他们心理健康。"

老师:"书生乙心理健康吗?"

学生摇头:"很不健康。为了'3乘以8等于23'就要一头撞死,至于吗?"

老师:"那么我想问大家,现实中,你究竟愿意成为书生甲、禅师,还是书生乙?"

学生纷纷:"这还用问吗?当然愿意做禅师了。"

老师:"愿意做书生甲吗?"

学生:"做书生甲也可以。"

老师:"为什么?"

学生1:"因为禅师有智慧。"

学生2:"因为书生甲心理很健康。"

老师:"谁的心理最不健康?他的人生快乐吗?"

学生纷纷笑,异口同声:"太简单了!书生乙的心理最不健康,他的人生不会快乐。"

老师:"是啊!人活在世上难免有坎坷和争吵,为一点小事就寻死觅活太不值得了,你愿意做这样的人吗?"

学生再次齐声:"不愿意!"

老师:"但是,我们生活中有很多同学都是这样的啊!"

学生被说愣了。

老师:"回想一下,生活中有'3乘以8等于23'的事例吗?别说同学们了,很多成年人在夏天的大排档里喝点酒,为一丁点儿小事都会拎起酒瓶子打架,甚至白刀子进红刀子出。"

学生3:"老师,我见过这样的事:有的同学一言不合,就对人家大打出手,甚至打群架。"

这时,班长站起来:"老师,我亲眼见过这样的事情。我的好朋友小雪在外校读书。有一天,她在走廊上站着,被外班的小章踩了一下。估计小章也不是故意的,但小雪被踩疼了,很生气地说:'你没长眼啊?!踩疼我了!'小章本来就霸道,听到小雪的话,不仅不道歉,反而说:'你才没长眼呢!我踩的就是你!'小章说完回到了自己的班级。小雪却越想越生气,跟同班的几个女孩子一说,女孩子们纷纷表示愿意和她一起去找小章,让小章道歉。

于是，小雪和几个女孩子一起来到小章的教室门口，喊小章出来。小章不出来，却说：'有种你们就进教室。'小雪和几个女孩子也不是想打架，但话已至此，就真的进教室了，小章班上的几个学生急忙阻拦，小雪她们就回去了。但是，小章打电话把这件事告诉了和自己要好的男生。那个男生纠集了七八个男同学，在晚自习后把小雪拦截下来。男生们不动手，却任由小章打小雪，并且扬言谁阻拦就打谁。小章打了小雪几拳后，被学校的值班老师及时发现并制止。但是，小雪挨打的事被小雪的哥哥知道了，哥哥在校外召集了20多个人，来到校门口，扬言要保护妹妹……"

班长的话还没说完，同学们就开始议论："至于吗？就为小章踩了小雪一脚不道歉，竟然闹得这么复杂。"

班长："是啊！甚至要打群架！若处理不好，说不定会出人命呢。"

学生6："就算没有闹出太大的事，打群架的同学也会被处分。和小章关系好的男生可真亏！"

老师："是啊！有了小章这样的女朋友，何愁不早日进监狱？"

学生："真的吗？还要进监狱？"

老师："是啊！我也给同学们讲一个真实的故事。有一次，我坐出租车，出租车司机说，那天她的同行刚刚被刺杀身亡。原因是：前一天她的同行在深夜11点拉了一个女孩子。按照规定，晚上超过10点，出租费要在原有的费用上再加两元钱。但是，那个女孩子不知道，拒不给钱。两个人争执几句后，女孩子打了一个电话，从楼上冲出一个男孩子——估计是她的男朋友。男孩子手里拿着一把刀，二话不说就捅了出租车司机一刀。出租车司机当场死亡，男孩子最后被捕。"

学生7惊叹："就为了那两元钱，至于吗？遇事不能好好说吗？"

学生8："冲动是魔鬼啊！"

老师："所以，很多时候，我们待人要宽容一些，豁达一点，不要为芝麻大的小事冲动起来，将事情搞得越来越复杂。"

学生7："是的，我们应该和禅师或书生甲一样。小章踩了小雪一脚，虽然小雪说话不好听，但是小章如果及时道歉，也就不会有后面的纠纷了。"

学生8："就算小章没道歉，小雪如果不带同学去兴师问罪，后面的纠纷也不可能出现。"

学生9："那个司机就更可惜了。为了两元钱，竟然把命都丢了。"

老师："司机失去了生命，男孩子进了监狱，估计要被判刑十年以上。十几年的青春年华啊！想想那个冲动的女孩子，你们觉得她会等男孩子出来吗？"

学生摇头，再次感叹："冲动是魔鬼啊！"

这时，忽然有学生站起来："老师，你今天向晓晨道歉，不是太没有原则了吗？不是太糊涂了吗？"

老师："是啊！随着年龄的增长，我的眼睛里似乎能揉得进沙子了。我看见学生犯错，感觉很正常；在学生情绪激动的情况下，我能很真诚地向学生道歉——尽管我原先的做法有一定的道理，甚至是真理在握，但是，面对火冒三丈的学生，我能做到及时示弱、道歉、远离战场，而不会守住'老人无理占三分'的古训。"

这时，晓晨站起来："老师，这是我最佩服您的地方。就像今天班会开始一样，您会在师生发生冲突时，向我退一步。您这样的做法，倒让我明白了什么是宽容，什么是尊重别人的观点，什么是'退一步海阔天空'。"

老师："谢谢晓晨！老师及时退了一步，你们觉得这是我糊涂吗？这是我不讲原则吗？"

晓晨："不是的！您是怕我以后再也不听您的课吧！"

我点头。

全班学生会心地微笑。

老师："在班会的最后，让我们一起来欣赏一首歌曲《做人》。"

老师播放音乐，欣赏歌曲。

老师小结："做人，做大写的人，清清白白、认认真真……不错，我们就是要做这样的人，不求荣耀，勤勤恳恳。在身边的人为'3乘以8等于23'而要付出昂贵的代价时，我们可以考虑倒退一步，如禅师和书生甲一样，不讲原则一次。我相信这不是软弱，而是心灵强大的另一种诠释……"

【班会总结】

这是由"远离烦恼，快乐成长"主题班会衍生出来的班会，也是由晓晨与我不同的人生观衍生出来的班会。经历了这样一次班会，我相信在以后的课堂里，晓晨会更加认真地思索我提出的问题。我相信自己的这番话教给了教室里所有的学生如何尊重别人，养成反思的好习惯，以及勇于认错。

老子曰："天下事柔弱胜刚强。"倘若因为一个小小的争执，导致师生感情破裂，甚至导致学生放弃某一门学科，那就如同为了"3乘以8等于23"而导致某人撞墙而死一样令人遗憾。这时，我们何不柔弱下来？只要学生能留在我们身边，我们就能用积极的人生态度去影响他们。

有时，学生当然是错了，比如他们因一念之差盗窃、打架、撒谎、夜不归宿……老师问起来，他们明明心虚，甚至知道自己错了，却死不承认（孩子毕竟是孩子，他们不成熟，他们会因为面子而不讲道理）。有时，某个学生错了，但他真的感觉自己所做的是正确的，师生矛盾因此激化。他可能要为这点错误而失学。他可能要为这一失足而酿成千古恨。他可能要为此寻死觅活。他可能要因此走上歧途……这时，我们作为老师，何必那样明察秋毫？何必那样咄咄逼人？又何必"得理不饶人"？我们是老师啊！所谓"退一步海阔天空"，姑且就让"3乘以8等于23"吧！给学生一条生路，又有何妨？

操作提示

1. 这样的班会一般是因上一次班会召开后，衍生出了新问题而策划的新班会，有很强的针对性，对老师有较高的要求，要求老师敏感且善于发现问题。

2. 老师最好自己准备一些论据，在学生提供的论据不足的情况下，用自己准备的案例和故事。但是，如果学生发言积极，所找的论据很多，老师就可以不用自己的案例和故事了。

3. 老师最好在平时就让学生熟悉一些《做人》之类的歌曲。

三、培养责任感

不是我的错

【推荐理由】

1. 现在的中职生多是独生子女,在生活中常常以自我为中心,习惯了别人为他们奉献,而不知道为周围的亲人、朋友、同学伸张正义,不知道如何为公平、公正的社会环境尽自己的一份力。本次班会主要告诉学生如何在"该出手时就出手",如何做一个有正义感的血性青年,值得广大中职班主任借鉴。

2. 这次班会是由前两次班会衍生出来的班会,对于如何消除一些班会的"副作用"做了很好的尝试。

【适用年级】 中职二年级

【班会背景】

在成功召开了"远离烦恼,快乐成长"主题班会后,"天底下的三件事"深入人心,学生都知道日常生活中只要做好自己的事、不管别人的事、不操心老天爷的事,烦恼就不会来临;尤其是召开了"培养豁达和宽容的心态"主题班会后,很多学生过于"宽容",甚至达到了冷漠的程度,对班级里、校园里发生的很多不良现象不闻不问。比如,在教室里,我看见地面上有垃圾,就对某学生说:"请你拿笤帚把垃圾清扫一下。"该学生会温和而认真地对我说:"老师,我今天不是值日生,这不是我的事啊!"我就纳闷了:你不是值日生,就不能随手清扫一下垃圾了?保持教室清洁卫生是我们每个人的事啊!

但学生不以为然。

有时走在校园里,我看见纸片,会随手捡起来,同行的学生会制止:"老师,这不是咱们的清洁区,你管这闲事干什么?"我很生气!不是我们的清洁区,就不可以将纸片捡起来吗?这是我们的校园,是我们生活和学习的环境啊！

但学生还是不以为然。

最让我生气的是，我们班的三个女孩子在晚自习下课后打了另一个女孩子，同寝室的人不但不制止，还不配合调查，而另外一个走读生听说那个女孩子被打后，竟说："我早就感觉她该打了。"

我难过的是：这个女孩子挨打已经够难过了，同学们竟然如此冷漠，还要在心灵上伤害她。

也许是前面的两次班会让学生钻牛角尖了，万事过犹不及，因此我设计了这次班会。

【班会目的】

1．培养学生的责任心。

2．让学生明白，什么事情是不应该管的，什么事情是必须要管的。

【重点难点】

陪伴学生触摸何为"责任心"，引导学生明白如何做有正义感的人，如何为净化社会环境而努力。

【课前准备】

1．收集现实中发生的学生打架、其他人却保持沉默的故事。

2．收集历史上及当今社会上的一些必须由我们呼吁抗议的不良现象。

【设计思路】

1．播放漫画幻灯片，让学生阅读里面的故事并发言。

2．介绍马丁·尼莫拉牧师的墓志铭。

3．讲述德国老太太"管闲事"的案例。

【班会实录】

老师："同学们，今天我们召开班会，要重新思索以前班会里讲过的'天底下的三件事'和'姑且让"3乘以8等于23"'的观点。首先，我请同学们欣赏一个漫画幻灯片。题目：不是我的错。文字作者：雷克雷斯森强。图作者：迪克史丹伯格。翻译：周逸芬。"

老师播放幻灯片：

第一张图片是：一个小男孩在哭，后面站了一群学生不说话。老师询问其中一个孩子，孩子回答说："那是在下课以后发生的，不关我的事哟！"

第二张图片显示，老师询问另一个孩子，他说："我没有看到事情发生的经过，所以不知道他为什么哭。"

第三张图片里，老师询问第三个孩子，孩子说："我虽然看见了事情发生的经过，也知道是怎么回事，但这又不是我的错。"

第四张图片里的孩子说："很多人都打他，我一个人也没有办法啊！所以只有眼睁睁地看着。"

第五张图片里的孩子说："很多人欺负他，我也帮不上忙，这不能怪我啊！"

第六张图片里的孩子说："很多人都打他，其实，所有人都打了他，虽然我也打了，但我只是打了一下而已。"

第七张图片里的孩子说："不是我先打的，是别人先打他的，所以不能怪我。"

第八张图片里的孩子说："难道我有错吗？我只是感觉他有点古怪。"

第九张图片里的孩子说："发生这件事其实一点都不奇怪，他会被欺负，或许要怪他自己。"

第十张图片里只有一句话：他一个人孤零零地流眼泪……

第十一张图片里，好多学生在笑话他："男生爱哭羞羞脸……"

第十二张图片里，有个孩子说："虽然应该去告诉老师，但是我不敢呢！何况，这又不是我的错。"

第十三张图片里写着：他默默地在一旁掉眼泪，什么都没说，大家也好像什么事情都没发生过。

第十四张图片里，有人说："他什么都没说，所以我们只有眼睁睁地在一旁看，他自己应该大声求救啊！"

第十五张图片里，有人说："虽然我也打了他，但我觉得没什么，因为所有人都打了他。"

接下来的幻灯片显示：和我没关系吗？

幻灯片放完了，老师重复幻灯片上的话："和我没关系吗？"

学生迟疑着回答："有关系的。"

老师："为什么？"

学生1："不应该这样打他啊！"

学生2："而且，看见别人打他，也应该制止的。"

学生3："那个男孩子只因为人家看起来古怪，就打人家，这也太过分了。"

老师："现实中有没有这样的情况？"

学生4："有。比如有的同学不由分说就把别人按在厕所里揍一顿，理由是'看着他不顺眼'。"

老师忽然大声地、激动地说："过分！简直是强盗逻辑。我早就告诉过同学们一句话：看别人不顺眼——"

学生纷纷："是自己修养不够！"

老师："对！看别人不顺眼，其实就是在管别人的事情。在这个幻灯片里，同学们该管的事不管，不该管的却乱管，真过分。"

学生5："但是，看见别人打同学，也不是我们的事啊！非要管吗？那不是在管别人的事吗？"

老师："哦！你认为别人受欺负，自己可以事不关己，高高挂起吗？你可知道，很多时候，对一个人的不公平，就是对所有人的不公平？"

学生愣愣地不说话。

老师继续播放幻灯片。

这一次，第一张图片是南京大屠杀。

老师看着图片："有的同学可能会说：'杀的是南京人，不是我们郑州人，所以我们可以不管。'但是，他们今天屠杀南京人，明天就可能屠杀我们郑州人，你信不信？"

学生点头。

第二张图片是车祸：一辆自行车倒在地上，旁边有人受伤。

老师："有的同学可能说：'人又不是我撞的，和我没关系啊！'还有人说：'受伤的不是我的熟人，我何必管那么多？'但是，你不是肇事者，就不可以打电话叫警察吗？不是你的熟人受伤，就不可以叫急救中心吗？如果我们都如此冷漠，社会风气又怎么能好起来？等到哪一天不幸降临到我们的亲人身上，谁来帮助我们？"

学生沉默着，不说话。

第三张图片是环境污染，烟囱里冒着滚滚浓烟。

老师："有的人可能会说：'现在雾霾最严重的是河北啊！又不是河南，我管那么多干什么？'告诉同学们，今天雾霾在河北，明天就可能来到河南。有人可能会说：'又不是我在污染大气，这不是我的错。'问题的关键是，不是你的错，你就可以任由污染继续吗？"

学生点头。

接下来的一张图片是矿工的孩子泪流满面。

老师："孩子失去父亲了，你也可以说不是你的错。但我们能不能表示关心？"

学生不作声，少顷，小云站起来："当然要表示关心、同情，因为同样的不幸，有可能发生在我们每个人身上。"

老师马上鼓励："谢谢这位同学，你能否再大声地重复一遍？"

小云重复："对任何个体的不幸，我们都不要袖手旁观。因为相同的不幸，也有可能发生在我们自己身上。"

老师："是啊！战争、水灾是谁的错？"

学生目光炯炯，却不说话。

老师："战争不是我们的错，但是如果我们热爱和平，就要站起来制止导致战争的因素；水灾不是我们的错，但面对灾区的灾民，我们还是要伸出援助之手。"

老师继续播放幻灯片。

老师："对于故事中孤零零地流眼泪的小孩,你有什么感觉?"

学生纷纷："很同情他,感觉他很可怜,那么多人打他,没有人帮助他,而且没有人有内疚感。"

老师："如果这个故事发生在我们班上,你会怎么做?"

学生1:"看见别人打人,我一定会制止。"

学生2:"我不会参与打人的,而且会及时把这件事告诉老师。"

学生3:"我们对这种欺负人的言行表示不屑,借此阻止那些爱欺负人的同学继续欺负别人。"

老师："为什么你会这样做?"

学生一时又不知道该怎么回答。

老师："小云刚才已经说过了啊!因为相同的不幸,有可能发生在自己身上。有一个牧师,经历了世界大战,在临终前,他写了一篇著名的墓志铭,现在让我们一起来学习一下。"

老师带领学生齐声朗读马丁·尼莫拉牧师的墓志铭。

> 起初他们追杀共产主义者,
> 我没有说话,因为我不是共产主义者;
> 接着他们追杀犹太人,
> 我没有说话,因为我不是犹太人;
> 后来他们追杀工会成员,
> 我没有说话,因为我不是工会成员;
> 此后,他们追杀天主教徒,
> 我没有说话,因为我是新教教徒;
> 最后,他们奔我而来,却再也没有人站起来为我说话了。

老师:"所以,看到社会上那些不公平现象,我们能不能冷漠麻木、袖手旁观?"

学生:"不能。"

老师:"对!请同学们记住:对一个人的不公平,就是对所有人的不公平。因为这样的不公平可能发生在每一个人身上。让我们把牧师的墓志铭修改一下,使其与现实联系得再紧密一些。"

老师带领学生齐读幻灯片上的文字。

> 矿工不断死去,我们没有为他们呐喊,因为我们不用下井;
>
> 农民工被欠薪,我们没有为他们呐喊,因为我们还没有被欠薪;
>
> 贫困儿童失学,我们没有为他们呐喊,因为我们的孩子还有书念;
>
> 穷人看不起病等死,我们没有为他们呐喊,因为我们还付得起医药费;
>
> 农民的土地被强制征收,我们没有为他们呐喊,因为我们不需要种地;
>
> 等到哪天不幸降临到我们头上,谁来为我们呐喊?
>
> 不要问丧钟为谁而鸣,丧钟就是为我们而鸣!!!

老师:"同学们,阅读了这些文字,你想到了什么?"

学生1:"2013年暑假,我听说一个城管把一个卖西瓜的老人打死了,人们马上把卖西瓜的老人的遗体保护起来抗议。"

老师:"卖西瓜的老人被打死,我们不为他呐喊,谁知道下一个被打死的人是谁啊?"

学生2:"我想起了小悦悦被碾了几次,身边的人袖手旁观。"

老师:"是啊!小悦悦被碾死时大家袖手旁观,谁知道下一次受伤后被袖手旁观的是谁啊!"

学生3:"老师,您不是在以前讲过'天底下的三件事',让我们不要管别人的事吗?今天您又说一定要管这样的事。对于别人的事,我们究竟该管还是不该管啊?"

老师:"同学们,这不是别人的事,而是整个社会的事,是整个社会上每一个人的事啊!这甚至是整个人类的事。"

学生愣愣地,显然没有听明白。

老师:"今天我要给大家讲一个网络上流传的故事。故事说的是:我们中国的一些老师到德国去考察,公派的驻地的同事免不了要为他们接风洗尘,点了一大桌子的菜肴……同学们,接下来你们自己阅读好吗?"

老师从计算机里调出网上流传的文章,请学生阅读。

> ……
>
> 餐馆里的客人不多,上菜很快,我们的桌子很快被碟碗堆满,看来,今天我们是这里的大富豪了。
>
> 狼吞虎咽之后,想到后面还有活动,我们就不再贪恋酒菜,这一餐很快就结束了。结果还有三分之一的饭菜没有吃掉,剩在桌子上。结完账,我们个个剔着牙,歪歪扭扭地出了餐馆的大门。
>
> 出门没走几步,餐馆里有人在叫我们。是否谁的东西落下了?我们都好奇,回头去看。原来是几个白人老太太在和饭店老板叽里呱啦地说着什么,好像是针对我们的。
>
> 看到我们都围拢过来了,老太太改说英文,我们就都能听懂了,她在说我们剩的饭菜太多,太浪费了。我们觉得好笑,这老太太真是多管闲事!"我们花钱吃饭埋单,剩多少饭菜关你老太太什么事?"同事阿桂当时就站出来,想和老太太练练口语。听到阿桂这样一说,老太太更生气了,为首的老太太立马掏出手机,拨打着什么电话。
>
> 一会儿,一个穿制服的人开车来了,自称是社会保障机构的

> 工作人员。问完情况后,这位工作人员居然开出50马克的罚单。这下我们都不吭气了,阿桂的脸不知道扭到哪里去了,也不敢再练口语了。驻地的同事只好拿出50马克,并一再地说:"对不起!"
>
> 这位工作人员收下罚金,郑重地对我们说:"需要吃多少,就点多少!钱是你自己的,但资源是全社会的,世界上有很多人还缺少资源,你们不能也没有理由浪费!"
>
> 我们的脸都红了,但我们在心里都认同这句话。在一个富有的国家里,人们还有这种意识。我们得好好反思:我们的国家资源并不丰富,而且人口众多,平时请客吃饭,剩下的饭菜总是很多,主人怕客人吃不好丢面子,担心被客人看成小气鬼,就点很多的饭菜——都有剩余的了,你不会怪我不大方吧。
>
> 事实上,我们真的需要改变我们的一些习惯了,并且要树立"大社会"的意识,再也不能"穷大方"了。那天,驻地的同事把罚单复印后给每人一张做纪念,我们都很愿意接受并决心保存。阿桂说,他回去后会再复印一些送给别人,自己的一张就贴在家里的墙壁上,以便时常提醒自己。
>
> 钱是你自己的,但资源是全社会的。这才是真正的公民意识,一个安居乐业社会的基本意识之一。

老师提问:"钱是你自己的,但资源是谁的?"

学生:"是全社会的。"

老师:"这才是真正的公民意识,这才是一个安居乐业社会的基本意识之一。人家西方国家的人,对身边人的隐私向来不打听、不干涉,因为他们尊重身边的每个个体,因为人家的隐私没有妨碍到别人,这就是'天底下的三件事'里的'不管别人的事';但是,对于可能让社会不和谐的事,他们是非管不可的。我不知道是否表述清楚了自己的意思。"

学生纷纷点头:"老师,您说得很清楚了。"

老师:"谢谢同学们的肯定。"

班会结束。

【班会总结】

我一直认为,真正的活力课堂,并非学生发言越积极越好,因为深刻的思索需要安静。本节班会上老师说得多,学生说得少,那是因为老师希望学生在自己的引导下深刻思索。而且,从班会效果来看,学生很多次被老师的话说得愣住了,他们是真的在认真思索。这节课的"活",就体现为学生在动脑子。

因此,这也是一节非常成功的班会课。

这次班会是一次衍生性班会,针对性非常强。班会也借用了"他山之石",使学生有耳目一新之感。这需要老师在平时善于发现教育资料。

但是,这次班会可能会有一个很大的副作用——容易导致学生愤世嫉俗。一旦学生出现愤世嫉俗的情绪,老师马上又该强调"天底下的三件事"和"姑且让'3乘以8等于23'"了。这就是教育。这个世界上从来没有绝对的真理,一切都是辩证的。老师在班会上务必让学生明白这一点。

操作提示

1. 在班会前收集现实中人们对不良现象熟视无睹、冷漠无情的案例,供班会课上讨论。

2. 把握好什么事"不要管"、什么事"必须管"的度,尽可能地让学生自己去理解、去思索。

四、社会公德教育

老人摔倒后，扶还是不扶？

【推荐理由】

在学校里，我们告诉学生要助人为乐，要敬老爱幼，要见义勇为……但是，近几年来，社会上每每发生老人摔倒后路人出手相助却遭讹诈的现象。学生耳闻目睹此类事情多了，不禁疑惑：怎么好心没有好报呢？以后如果我遇到老人摔倒，是扶还是不扶呢？

本次班会深入讨论了这一问题，并给了学生较圆满的答案，值得广大教师借鉴。

【适用年级】中职二年级

【班会背景】

这是在偶然间谈到的——关于老人摔倒后"扶"与"不扶"的话题。

我们这学期德育课的第一个环节是"时政播报"，即让学生自己收集本周新闻，在讲台上报道，供全班学生讨论。目的是开阔学生的视野，培养学生的思辨能力，避免其"两耳不闻窗外事"。

这是一个深受学生欢迎的课堂环节。

2013年11月28日的"时政播报"，讲的是两周前广东省汕头市的两名高三学生扶起了骑电动车摔倒的老人反被诬陷讹诈的故事。谁知"一石激起千层浪"，学生一时变得义愤填膺，纷纷起立发言，埋怨现在的老人过分……

在这样的情况下，我临时决定暂且不深入讨论此事（因我准备的材料不充分，担心不能有效地引导学生），而决定专门找时间召开一次班会。

【班会目的】

1. 为学生解惑：遇到老人摔倒究竟要不要扶。

2. 培养学生助人为乐的优良品质。

3. 教会学生如何在保护自己的前提下，用科学的方法帮助摔倒的老人。

【重点难点】

教会学生如何在保护自己的前提下，用科学的方法帮助摔倒的老人。

【课前准备】

1. 了解并收集老人摔倒后路人帮忙的各种案例。

2. 查阅资料，告诉学生在老人摔倒后如何用科学的方法帮助老人。

【设计思路】

1. 讨论平时所见到的老人摔倒、路人帮忙却被讹诈的案例。

2. 讨论身边的老师摔倒后无人帮助的情境。

3. 讨论讹人事件对社会造成的不良影响。

4. 讨论老人摔倒后，路人一边保护自己，一边打120急救中心电话的案例。

5. 学习在老人摔倒后如何用科学的方法帮助老人。

【班会实录】

老师说："同学们好！前天我们在上德育课的时候，谈到了广东省汕头市的两个高三学生扶起了骑电动车摔倒的老人反被诬陷的故事，那天没有谈透彻，今天我们按照计划召开班会，继续探讨这一话题。首先欢迎时政播报员将上次的话题再播报一遍。"

（播报详细内容略）

也许是因为广东省汕头市被讹的两个学生和学生年龄相仿，也许是学生先入为主，认为摔倒的老人可恶，播报员刚讲完，学生就再一次变得义愤填膺，纷纷起立发言。学生首先谈到达州小学生搀扶摔倒的老人却被讹诈，又联想到彭宇案、许云鹤案，还有某些老人在公交车上因为没人让座就辱骂甚至殴打年轻人……

最后学生感叹："现在的老人怎么了？""是现在的老人变坏了，还是坏人变老了？……"

群情激昂中，时政播报员"不失时机"地总结、提问："看到这种以怨报德的事件，我都迷惑了——我们以后看见老人摔倒，是扶还是不扶？"

学生异口同声地回答："不扶！"

老师吓了一跳——今天的时政播报竟让学生得出一个"老人摔倒了不扶"的结论，作为老师该怎么去引导？

学生还在议论，有人说："在网上就这个话题已经有很多辩论，据说扶有扶的道理，不扶也有不扶的道理。"

小梅说："今年郑州市中招考试的政治试题有一道题就是：老人摔倒了你扶还是不扶？"

老师说："哦！那你们是怎么回答的？"

学生纷纷回答："标准答案是要扶的，所以我们都回答要'扶'。"

瑞丽说："同学们都知道怎样回答不被扣分，所以才这样回答，现实中估计不敢扶。"

学生一起看着瑞丽，说："一旦被讹诈，多亏啊！这让我们怎么扶？"

老师请大家少安毋躁，说："今天，我也来给大家播报一个发生在2011年9月的真实故事：武汉88岁的李爷爷在离家不到100米的菜场门口迎面摔倒后，围观者无人敢上前扶他一把，1小时后，李爷爷因鼻血堵塞呼吸道窒息死亡。"

班级里一片唏嘘。老师继续说："两年前，教你们舞蹈的张老师因为喝了一瓶变质的绿茶，导致拉肚子、虚脱，在赶往医院的路上晕倒。她在地上躺了好久，没有一个人去帮助她，直到她自己恢复一些体力后给学校打了电话，才被送往医院……"

学生没想到自己熟悉的老师曾这样无助，一个个目瞪口呆。一个女生忽然站起来，又坐下去，满脸焦虑地感叹："太冷漠了！太可怕了！我怎么能生活在这样的环境中……"看她的表情、听她的声音，她似乎要哭出来了。

老师拍拍她的肩膀，同时问："为什么路人不扶李爷爷和张老师？"

"还是担心被讹诈吧！"

老师点头，说："是的。李爷爷不会讹人，张老师更不会讹人，却因为以前有人以怨报德，导致我们这些无辜的人在需要帮助时，没有人愿意伸出援助之手。那些讹人的人被调查出来后，最多是一个道歉、几日拘留，但他们对社会造成的负面影响何其大！所以我们说那种人坏，坏就坏在他们的行为对整个社会的污染，他们伤害了社会上一大批热心人。以后我们的亲人摔倒接受帮助后，会不会讹人？"

"绝不会！"

这时，又有学生说："我难过的是，凭什么让无辜的李爷爷和张老师为这些讹人的人埋单？"

老师点头，说："真正的悲剧就是：一个平凡的人（比如李爷爷、小悦悦），他没有做坏事，却由于世风、环境、命运等而陷入一种极悲惨的情境。他们的遭遇会让我们产生两种感情：一是'怜悯'，因为他没有做坏事，下场却很悲惨，所以我们怜悯他；二是'恐惧'，因为发生在他身上的事极有可能发生在我们自己身上。"

学生沉默着。

良久，有人叹息："这些事情可能发生在我们身上……"

老师点头，说："所以，老人摔倒了，我们必须去帮忙，这不是为了别人，而是为了自己。因为，我们每个人都有年迈的时候，我们每个人都有柔弱不堪需要帮助的时候。如果是自己的亲人摔倒了，你是否希望他们得到周围人的帮助？"

学生纷纷点头。

老师说："如果我们看见老人摔倒后袖手旁观，那么自己的亲人摔倒后又怎么可能得到别人的帮助？"

这时，教室前排的一个女生说："老师，我妈妈曾经遇到过这种事。两年前，她的胆囊炎犯了，晕倒在我家门前的马路上……"说到这里，她已经泣不成声，"后来，被路人送到了医院……"

另一个女孩也迫不及待地站起来，说："我也曾经晕倒在我家附近的菜市场上，是由于急性阑尾炎发作，幸好被及时送到医院做了手术，否则后果不堪设想。那些送我的人，也并不认识我。"

老师说："可见，尽管社会上有以怨报德的人，但见义勇为的人更多。现在我们再来回答，以后看见老人摔倒，你帮还是不帮？"

经历了这样的讨论，老师以为学生会异口同声地回答"帮"，却不料学生的反应还是迟疑，只有少数女生小声地嘀咕："毕竟是生命，还是要帮助他们的吧！"

马上有反驳的声音出现："万一被讹了呢？"

女生的声音大了些："一般不会被讹。而且，就算被讹，我也认了。"

教室里再次纷纷议论，老师让生活委员站起来回答，她说："这个问题太难回答了！不仅仅是被冤枉的问题，谁的心里都受不了这样的窝囊气。更何况，若真是法院判我们赔人家十几万元，我们也拿不出来啊！我们又该怎么向父母交代？"

老师说："这个同学的顾虑有道理。所以，这就需要我们身后的政府、法律来为这些热心人撑腰。我们盼望有更完善、妥帖的法律及医疗保障制度出台，来约束或避免那些人以怨报德。"

学生说："但是，现在这样的法律和医疗保障制度还没有出台啊！我们等制度完善了再帮老人吧！"

老师笑说："这可不能等。现在我们要讨论的是：怎么做一个聪明的好人？怎么在帮助他人的同时保护自己？让我们再来看昨天（2013 年 11 月 27 日）《河南商报》的文章——"

> 25日早上7点多,浙江省金华市区后城里街和迪耳路交叉口的非机动车道上,一位八旬老人突然脸朝下摔倒在地,伤势不明。孙女士恰好经过,马上拨打了120,同时挡在了老人前面,指挥过往的电动车和自行车绕道。其他守在边上的市民,也很有默契地围成一个圈,将老人护在中央。
>
> 有人跑到街头,叫来了协警。了解情况后,协警将在地上躺了五六分钟的老人,慢慢地搀了起来……

接下来,我让大家畅谈看完这则新闻的感受。

有学生说:"孙女士挺聪明的,既帮助了老人,又没有被讹的风险。"

还有学生说:"这个社会还是好人多,那么多人都自觉围成圈保护老人呢!"

老师说:"老人摔倒,原因很多,我们贸然去扶,并不可取,说不定会好心办坏事。因为我们不知道老人患了什么病。有的人因病摔倒,是不能轻易移动的。就算移动,也有很多讲究。因此,保护现场、拨打120求助,应该是不错的选择。现在,我们把'扶'换成'帮'。我要再次问大家:如果在路上看见老人摔倒了,我们帮不帮?"

学生异口同声地回答:"帮!"

老师说:"做一个聪明的好人,有很多注意事项。现在我们来学习一下,在老人摔倒之后,如何用科学的方法帮助他们。"

老师播放幻灯片,学生一起阅读。

若看见老人跌倒在地，首先不能慌，要保持冷静，周围的人也不要急于搀扶。要做的第一件事，是判断老人是否意识清醒。

如果应答顺利，能仔细回忆起跌倒的经过，身体无明显不适，老人可以尝试借助牢固的家具或靠别人搀扶起身。起身分为5步：侧躺，弯曲上方的腿，用手肘或手掌撑起上半身；让身体滑向扶手椅或其他坚固的物体，跪下，两手放于椅子或物体上；主力腿在前，靠在物体上，发力；缓慢站立；小心地坐到椅子上。

要注意的是，有些老人患有慢性病，跌倒可能是疾病发作所致。急救时应该根据其身体状况进行相应的处理。比如，老人因心绞痛发作而跌倒，要帮助老人服急救药物，随后将其送往医院做进一步检查。

如果发现自己站不起来，老人要尝试寻求帮助，如砸房门、打电话、按报警器、高声呼叫或用拐杖等物品制造声响，引起注意。然后，用最舒服的姿势静静地躺着，等待救援。如果可以，将枕头放在脑袋下，并用毯子等盖住身体，保持温度。

周围的人若看到跌倒的老人丧失意识，千万不要搬动、摇动，或试图唤醒他，而是要将其缓缓放平至仰卧位，小心地使其头偏向一侧，以防呕吐物误入气管，引起窒息。与此同时，应迅速拨打120急救电话。

如果跌倒后，老人出现意识不清，有外伤、强烈持续的疼痛、眩晕、恶心、虚弱、头痛和视力问题，应尽快就医。有时，跌倒可能是某些疾病的征兆。就诊时要向医生说明当时的情况，以便医生分析诊断并进行治疗。

信息供参考，详情可咨询专家。

老师说:"同学们现在对如何扶起摔倒的老人,还有什么疑问吗?"

学生纷纷说:"没有了,谢谢老师。"

老师说:"让我们祝愿社会风气越来越好,希望同学们将来能成为聪明的、能用科学方法帮助别人的好人。更希望我们的法制更加健全,不要让好人帮了别人还受委屈……"

班会在《爱的奉献》的歌声中结束。

【班会总结】

很多班会的主题,就是这样在师生的讨论中碰撞出来的。有时,我们在课堂上所教的知识学生不喜欢,老师也感到很委屈。这时,我们不妨想一想:自己所传授的知识真的是学生迫切需要的吗?

这次班会之所以成功,就在于我们讨论的是学生的困惑。

那天开完班会,我走出教室,内心久久不能平静。人们总在感叹国人道德滑坡、世风日下,作为教育工作者,难道我们没有一点责任吗?

中招考试的试卷上,学生对于"老人摔倒了你扶还是不扶?"这道题的回答那么一致。但在内心深处,他们有着截然不同的答案。为什么?

我们在课堂上总喜欢高举道德旗帜,动辄进行道德归因、是非判断,却往往忘记了,歌颂舍己为人不错,但不要忘记,其前提是要承认每个人都有不可剥夺的个人权利。个人权利在帮助别人后难以受到保护,我们怎么去说服学生伸手帮助别人?因此,针对这一种情况,与其高喊道德口号,不如从各自的切身利益出发,让学生明白,善于有效地帮助别人,并营造助人为乐、见义勇为的社会环境,为的是自己,这是内在的需求,不是外在的束缚。当然,我们更希望有更完善的法律、法规、制度来做保障。

融入了这种思索的班会,才是学生喜欢的。

> **操作提示**
>
> 1. 遇到学生讨论问题的方向不对,倘若我们没有十足的把握去说服他们,就缓一缓,另外再找时间讨论,好让双方准备得充分一些。
>
> 2. 对于学生的观点,即使我们不认可,也不妨冷静地思索一下,他(她)为什么会这样想。这样一想,可能就能找到问题的根源。
>
> 3. 社会是多元的。不要强迫学生必须接纳我们的观点。很多时候,退一步海阔天空,当我们不肯做道德是非判断时,学生可能会更愿意敞开心胸,接纳我们的观点。

五、面对失败

山头斜照却相迎

【推荐理由】

1. 中职班主任组织班级活动,并非每一次都十分成功。我们要辩证地看问题。老子说"天下皆知美之为美,斯恶已",意即我们都知道,美之所以美,是因为恶的存在。生活中本来就有完美和不完美、成功和失败的存在。怎样在失败的活动后让学生有收获呢?这是很多班主任的迷茫之处。

2. 本次班会让学生明白,月有阴晴圆缺,而且无论月圆月亏,都是一种美,值得广大班主任借鉴。

【适用年级】 中职二年级

【班会背景】

2008年12月24日夜,我因身体不适,没有和学生在一起。据说,她们那天晚上玩得很开心,一整天都沉浸在激动里,强烈要求我在狂欢夜陪伴她们:"老师,您昨天不和我们在一起,实在太可惜了!太遗憾了!今天无论如何,您要和我们在一起。我们邀请您。"

我说:"好,今天我陪你们。咱们就在教室里狂欢。"

学生不乐意:"在教室里有什么意思?不够刺激。我们想出去玩,要不我们到绿荫广场去,离咱们学校也就十分钟的路程。广场上每天晚上都有人在跳舞。"

绿荫广场上每天晚上都有人在跳舞?若说在夏天,我信,但现在是寒冷的冬夜啊!我摇头,微笑,不相信。

学生却众口一词说有,大有不到绿荫广场夜游一次不罢休的架势。

于是,我们决定在狂欢夜晚上6点,带上舞蹈课用的音乐到绿荫广场上去活动。

北方的冬季给人的感觉总是很仓促,从9月份开始,白天就一路缩水,直到12月下旬,下午五点半便呈现夜色朦胧的景象了。我6点钟带学生走出校门,马路上已是灯火辉煌。绿荫广场上却一片宁静,没有鸟儿声声,也不闻虫儿唧唧。月亮尚未升上天空,人们正在和家人团圆。黑乎乎的公园里,只有我们班50多个女孩子手挽手、肩并肩,嘻嘻哈哈地行走在林荫小道上。这样的夜晚,若是一个人进来,绝对要用平心静气来掩饰心惊肉跳的。公园里没有学生描绘的、渴望的歌舞场面,大家不免失望。但是,这样的结果是我早就预料到的,因此兴致不减,带领学生沿着弯弯曲曲的小河行走,不时提议大家一边喊节奏一边跳舞、跳健美操,或者走模特步。如此,倒也算是笑语阵阵。玩了40多分钟,就打道回府,路上便有学生不断哀叹这次活动不成功。

我当时就决定,第二天的班会一定要谈一谈此事。既然学生来到学校的主要任务是成长,那么学习文化课只能算作她们的任务之一,遇事能有积极、乐观、随遇而安的心态,才是最重要的,也是必须要掌握的。

【班会目的】

1. 让学生保持一颗善感的心,善于感悟生活、发现美,并抓住每一次成功或失败的机会,去认真体味。

2. 与学生一起探索人生的不圆满,并欣然接纳这种不圆满。

【重点难点】

1．给学生一个宽松的环境，让学生畅所欲言，是本次班会的难点。

2．让学生接纳生活的不完美，进一步从不完美的活动中尽可能地获得更多的感悟，是本次班会的重点。

【课前准备】

1．做好充分的思想准备，去迎接活动总结的不完美。

2．寻找与班会有关的小故事。

【设计思路】

1．让学生畅谈活动的遗憾之处。

2．通过讲故事，让学生明白我们有很多选择。

3．班长道歉。

4．解读苏轼的《定风波》，培养学生豁达、开朗的胸怀。

【班会实录】

班会课一开始，我按计划询问夜游绿荫广场的感想，多数学生说："昨天的活动不成功。我们没想到，广场里竟那么寂静，没有音乐，也没有游人……"

我笑说："我早告诉你们现在是大冬天，不可能有歌舞的人群，你们偏不相信。"

学生和我开玩笑："那您为什么不强迫我们留在学校？"

我将手里的书轻轻一拍，笑道："我强迫你们留在学校？我哪里有这胆量？你们倒想一想，昨天我们不去夜游行不行？"

学生想了想，少顷，燕飞说："估计不行，大家总是想着那里很好玩，若是不去，整个晚自习估计都会很郁闷。"

别的学生纷纷点头。

我点头，说："我们若不去玩那40多分钟，岂止昨天晚上你们会郁闷，只怕到今天还不开心呢！但咱们的夜游真的就很失败吗？"

学生纷纷说："用40分钟的游玩，换来了一天的开心学习，也不能说活动是失败的。"

我说:"还有呢?除了这一点,你们还有什么收获?"

学生不再说话。

我开始讲故事:"从前,有一个和尚派三个徒弟去化斋,大徒弟和二徒弟一会儿就两手空空地回来了,说前面没有人家。后来,三徒弟也回来了,手里拿了好多桃子,说:'师父,我没有化到斋饭,但看见河边有一株桃树,果子已经成熟,就采了一些桃子来充饥。'"

我停顿一下,问:"这个故事告诉我们一个什么道理?"

婷婷说:"小和尚的目的是去化斋,化不到斋饭,就采些桃子,也能充饥。"

浩贝说:"是的!虽然原来的目的是化斋,但能吃到桃子也是收获。"

我点头感谢她们,继续说:"其实,每一件事情都最少有三种道路可选择。就好像小和尚去化斋,他可以像师兄们一样空手而回,也可以继续前行,直到找到人家为止,还可以在路边采些野果来充饥。将这个故事引申到昨天的游玩上,哪位同学来谈一下自己的看法?"

班长美玲也跟着我启发大家:"是啊!昨天,我们到了悄无人迹的绿荫广场,依然有很多道路可选择。大家肯定能谈一谈的。"

甜甜说:"比如,我们本来打算去跳舞,跳舞不成,就在公园里感受冬天的气息也不错。"

学生一听就开始笑:"冷风吹有什么好感受的!"

我说:"西风冷飕飕地吹,枯叶哗啦啦地响,树枝直伸夜空,远处有温暖的灯光在闪烁,小道上只有你我的欢歌笑语……这样的景色,不值得我们感受吗?"

学生看着我笑,纷纷说:"老师,我们当时还真的没留意这些。但现在您一说,倒感觉这的确可以成为美好的回忆。"

我也笑了,说:"所以,并非生活中缺乏趣味,而是我们缺乏体会趣味的心情。昨天我们除了体会冬夜的气息,还有什么选择吗?"

学生愣了一会儿,有人小声说:"我们可以在公园里做游戏的。"马上有人反对:"那么冷的天,做什么游戏啊!"

我说:"就看我们做什么游戏了。比如,我们可以来一次探险。"我谈起了《窗边的小豆豆》里描绘的锻炼孩子们胆量的游戏。在深夜的野外,有人抓鬼,有人扮鬼……同学们一听,就神往起来,纷纷要求再组织一次。

我的心不由得一沉:我敢组织她们冒险捉鬼吗?万一真的有人被吓到了怎么办?这些花季少女若出了意外、遇到了坏人怎么办?我能承担起那份责任吗?

我不敢。说到底,我还是一个叶公好龙、纸上谈兵的角色。郁闷!

于是,我匆匆地总结说:"昨天夜游,到底是失败,还是成功?我们得到的究竟是欢乐,还是郁闷?很难说清楚。不错,我们本是想去跳舞,舞没有跳成,难道这次活动就没有意义了吗?不!我们今天的总结,就是活动最重要的意义……"

这时,班长美玲忽然站起来说:"老师,我认为自己在这次活动中做得不好,为此,我专门写了稿子,我能在班里读一下吗?"

我急忙点头,又笑说:"我能不同意你的请求吗?"

学生纷纷鼓掌,鼓励美玲。美玲开始读稿子。

> 这两天同学们都很愉快,很开心。12月24日那天,丰乐园有狂欢晚会,有熊熊燃烧的火炉和从外地请来的歌手,好热闹,同学们都去玩耍了。那天真是开心得不得了,大家一直玩到夜里10点多。
>
> 上面的活动是全班同学都去玩,很成功。但是到了12月25日,也就是第二天,我们闹着还想去绿荫广场玩,老师答应了,但玩得并不成功(这时她又补充说:今天经过老师的点评,我知道这次活动并非一无是处,但这个稿子是昨天写的,我继续反思自己的错误),其中有一半的责任在我。

> 首先，我作为一个班长，要组织同学们出去玩，却没有打听清楚广场上是否有晚会，就一口咬定有，还不顾老师的阻止。其次，还是我的责任。我看到大门口有卖棉花糖的人，没想到自己是团队的一员，就跑去买棉花糖，导致好多同学去买。这一点是我不顾大局。最后回来的时候，我因帮助小雨取棉袄，导致全班同学站在那里等我一个人。我觉得很过意不去，当时自己觉得没有多严重，但后来经班主任一说，自己想了想，如果在军队，你自作主张地离队，很可能出事，让全体士兵等你一个人，很有可能影响全体。我以后一定吸取教训，记住这次失败。我相信自己，也相信全班同学，我们的下次活动一定会成功。在这里我想说一声"对不起"，是我不顾大局，连累全班，真的对不起，下次我不会这样了。同时谢谢全班同学没有因此指责我。谢谢！

听着美玲的发言，我感慨万千，问学生："谁还记得当时买棉花糖的情景？"

小雨说："谁不记得啊！当时美玲看见公园有卖棉花糖的小贩，率先去买了棉花糖，结果导致班里别的女孩子嘴馋，一拨一拨地都向那里拥挤。"

彭丽说："是的。剩下的多数同学百无聊赖地等候着，当时我就觉得美玲做事太任性。"

美玲忙说："是我错了。现在想一想，若不是老师及时制止，估计全班同学都会去买。而棉花糖制作的速度相当慢，要想人手一个，至少需要40分钟，那么我们全班同学就在寒风里静等40分钟吃棉花糖吗？我当时真是昏了头了。现在想想都纳闷，我那天怎么一而再，再而三地违纪呢？我愿意接受惩罚。"

学生嘻嘻哈哈地笑："原来班长也有犯错的时候啊……"

我笑说："犯错也未必就没有收获啊！失败也未必没有收获。"

学生愣了，问："老师，您这话是什么意思？"

我说："我曾对同学们说过，我最喜欢的文人是谁？"

学生异口同声地说："苏东坡，您曾说您是苏东坡的粉丝。"

我点头，说："苏轼有一首词《定风波》，谁来背诵一下？"

学生一致推荐语文课代表芳芳。

芳芳站起来背诵："三月七日沙湖道中遇雨。雨具先去，同行皆狼狈，余独不觉。已而遂晴，故作此。莫听穿林打叶声，何妨吟啸且徐行。竹杖芒鞋轻胜马，谁怕？一蓑烟雨任平生。料峭春风吹酒醒，微冷，山头斜照却相迎。回首向来萧瑟处，归去，也无风雨也无晴。"

我说："李老师喜欢苏轼，就因为喜欢他的豁达、坚强、开朗。虽然下雨将自己淋湿了，而且'微冷'，却不妨碍他一转身看见'山头斜照却相迎'。我们也一样啊！生活本来就是这样，有成功也有失败，有喜悦也有苦闷。须知，祸兮，福之所倚。很多时候，我们很难说一件事究竟是圆满还是遗憾，一旦有遗憾、失败出现，我们欣然接纳，并从中吸取经验就行了。如今，经历了这个有缺憾的班级活动，我们思索了这么多，这就是最大的收获。我们来到学校，最根本的目的是成长，是体味生活的酸甜苦辣。我们要向苏轼学习，在淋雨感觉微冷的同时，还能看见'山头斜照却相迎'。"

学生纷纷点头。

班会在欢声笑语中结束。

【班会总结】

这是在一次失败的班级活动后召开的成功的班会，其成功就在：让学生学会了多方位地考虑问题，并欣然接纳生活中的种种不如意。学生本来是打算接受老师的严厉批评的——因为是她们执意要去绿荫广场上游玩，却发现那里悄无一人。但是，绿荫广场上悄无一人是我早就预料到的，所以我无心追究孰是孰非。不料，当老师不去追究的时候，她们自己反而要认真总结、思索。最让我感动的是班长美玲。美玲与其他学生相比，心智更成熟，同学们都叫她"大婶"。"大婶"平时在班里批评违纪的同学是毫不客气的。这次她的表现确实让我失望，我相信学生心明眼亮，看出了她犯的错误。我们的班级活动不会只有这一次，以后学生外出时，再不遵守纪律，后果会很严重。难得她当着全班同学的面，将自己的错误和歉意写成稿子朗读。如此一来，其威信反而更高。她是在用自己的行动告诉同学们，要勇于为自己的错误负责。

美玲毕业后，我再次带班，便将美玲的故事讲给班干部们听。很多时候，班干部严于律己，反而会增加其威信，降低工作的难度。

操作提示

1. 这样的班会一定要在失败的班级活动之后召开。

2. 老师应当有足够的信心，让学生在宽松的氛围中讨论成败，切不可自己首先乱了阵脚，去埋怨学生。

3. 我所带的班级是学前教育专业，学生比较喜欢发言，所以班会气氛很活跃。如果在一个沉闷的班级，老师对班上学生的讨论没有信心，可以事先安排一些学生发言。这些学生如果不知道怎么说，老师在班会前可以启发一下，甚至教他们怎么发言。这不是作假，而是在引导班级舆论，同时又能让学生体会当众发言的成就感。

第四学期 走向世界大舞台

恍然间,学生在中职学校已经度过了三个学期,他们即将由"学校人"转变为"社会人",肩上的责任日益沉重,走出校门的脚步越来越急促。

即将结束十几年的学生生涯,学生记忆里隐藏的是怎样的回忆?是心酸、不满,还是欢欣、感恩?

一个人的快乐不是因为他获得的多,而是因为他计较的少。

因此,这一学期的班会还是以提高学生整体素质、强化学生感恩之心、切实为学生解惑为重点。我特意挑选了"提醒幸福,感恩社会——我们的生活充满阳光""开阔视野,提高素质——读古诗,唱民歌,赏风光""弘扬民族文化——读宋词,品戏曲,赏服饰""实习面试中的引导——做一只重过程的'犟龟'""离校前最后一课——化茧成蝶,放心去飞"等班会,希望能为孩子们的学生生涯画上圆满的句号。

只是,这个句号不是结束,而是另一种身份的开始。

一、提醒幸福,感恩社会

我们的生活充满阳光

【推荐理由】

1. 现在的学生多为独生子女,从小就被当作家庭的"小太阳",以自我为中心。来到学校后,他们往往习惯于让别人为自己服务,缺乏感恩社会、感恩他人的素质。对此,很多老师深感困惑。

2. 在培养了学生感恩父母、感恩老师之后，再培养学生感恩整个社会，甚至感恩眼前的一草一木，很有必要。一个懂得感恩的人，才是一个珍惜生命并能随时获得快乐的人。

【适用年级】中职二年级

【班会背景】

中职生在生活中不是缺乏关爱，而是缺乏感受关爱并感恩的心。在教学中，常常有这样的现象：同学帮了自己的忙，没有说一声"谢谢"；食堂的师傅为自己收拾用过的盘子，觉得理所当然；学生在中午午休时间找老师，但老师回家了，学生就非常生气；学校的工人师傅修好了学生弄坏的椅凳，学生不但不表示感谢，还说"学校就是让他为我们服务的……"。凡此种种，让人深感培养学生对社会、对他人的感恩之心，应当成为学校教育最重要的任务之一。

感恩，是一个不老的话题。

【班会目的】

1. 通过本班会，提高学生对幸福的感知力。

2. 让学生学会感恩生活、感恩身边所有的人，并为社会做些力所能及的事情。

3. 让学生体会到常怀感恩之心的快乐。

【重点难点】

向学生提醒幸福，与学生一起体会感恩的快乐。

【课前准备】

1. 收集学生在日常学习和生活中听说的、体会到的感恩的故事，编成情景剧，让学生分组表演。

2. 学习班会中需要的歌曲。

3. 让学生思索如何提醒幸福、感恩生活。

【设计思路】

1. 收集学生听说的、查到的关于感恩的故事，编成情景剧，让学生分组表演。

2．让学生思索并讨论如何养成感恩的习惯，并将其内化为自己的素质。

3．老师点评、总结。

【班会实录】

老师："同学们，我们曾经学习过毕淑敏的散文《提醒幸福》，现在大家一起看白板，阅读最后一段。"

学生齐读："当我们一无所有的时候，我们也能够说：我很幸福。因为我们还有健康的身体。当我们不再享有健康的时候，那些最勇敢的人可以依然微笑着说：我很幸福。因为我还有一颗健康的心。甚至当我们连心也不再存在的时候，那些人类最优秀的分子仍旧可以对宇宙大声说：我很幸福。因为我曾经生活过。常常提醒自己注意幸福，就像在寒冷的日子里经常看看太阳，心就不知不觉地暖洋洋、亮光光。"

老师："谢谢毕淑敏女士，她用这样一篇富有哲理的隽秀散文告诉我们，其实，我们每一个人都很幸福，人活一世，向来不缺乏幸福，缺乏的是对幸福的感知。今天，我们要思索的是，怎样才能感受幸福？老师的回答是：常怀一颗感恩生活的心，便会幸福。接下来，我们就召开一个'提醒幸福，感恩社会'的主题班会。"

情景设置一：这个乞丐幸福吗？

老师挑选学生朗读。

> 马克先生生活在纽约，他每天早上在上班的路上，都会看到一个乞丐坐在路边，向过路的行人乞讨。马克每次看见这个乞丐，都要给他1美元，乞丐总是很有礼貌地说："谢谢您，先生。"岁月飞逝，弹指间五年过去了，五年里马克每天都给乞丐1美元，乞丐早已习惯了接受这一切，他依然微笑着道谢，却如例行公事一般少了感谢的温度。忽然有一天，马克只从钱包里拿了50美分给乞丐，乞丐很吃惊，却依然是一声"谢谢您，先生"。第二天，马

> 克还是给了他50美分。第三天,乞丐终于忍不住了,在马克第三次给他50美分的时候,他问:"先生,五年来,您每天都给我1美元,为什么现在忽然开始给我50美分呢?"马克说:"不好意思啊!我太太又给我生了一个女儿,家里的开销太大了,我现在拿不出1美元,每天只能给你50美分了……"马克话还没说完,乞丐就勃然大怒,说:"你太过分了,你怎么能拿着我的钱去养你的太太和女儿呢?……"

老师根据情景提问:"这个乞丐的想法正确吗?"

学生纷纷:"不正确。明明是马克每天给他钱,他却恩将仇报。"

马上有学生反驳:"不是恩将仇报,是这个乞丐习惯了接受别人的接济,习以为常了,就以为人家应该资助他。"

又有学生回答:"反正他这样贪得无厌是不对的;这样要求马克,更是让马克寒心。他没有感恩之心。"

老师:"谢谢同学们的发言。乞丐这样想、这样说自然是不好的。他确实没有感恩之心,这样做主要是对他自己不好。想一想,老师为什么会说他没有感恩之心,其实是对自己不好?"

学生1:"如果我是马克,听了他这样的话,我以后可能一分钱都不会给他。"

老师:"他每天受人接济,但他感觉到幸福了吗?"

学生2:"他不幸福。"

老师:"乞丐不幸福的主要原因是什么?"

学生3:"他是身在福中不知福。"

学生4:"他不懂得感恩。"

老师:"马克面对乞丐的行为会怎么想?"

学生5:"马克会伤心啊!如果是我,我也会伤心的。"

学生6："也许马克帮助乞丐，根本就不是为了让乞丐感谢他。"

老师："世上确实有这样做好事只为自己的良心，而不为别人感激的人。这是最让我们敬佩的人。但是，并不是人人都有这样的境界。路人听了乞丐的话又会怎么想？"

学生7："可能路人以后都不会再给他钱了。"

学生8："都是他自作自受。"

老师："但是，也有很多需要帮助的人，其实也有感恩之心，却因为这个乞丐的错误，导致人家得不到应有的帮助。"

学生9："所以，这个乞丐是害人害己，还破坏社会风气。"

老师展示课件。

> 不要把别人的付出当成理所当然的事情。
>
> 端起饭碗时，我们要想到的是"锄禾日当午，汗滴禾下土"，感谢父母为了支撑起一个家，起早贪黑、含辛茹苦；走在商场里购物，我们要感谢那些工人、商户，他们提供了琳琅满目的精美商品，让我们任意挑选；坐在教室里学习，我们要感谢学校，感谢老师，感谢这个和平的年代，让我们在温馨、整洁的教室里体会知识的魅力；阅读着唐诗宋词，我们更要感谢祖先给我们留下如此璀璨的文化。

最后老师做小结："感恩其实是一种素质，是一种品德，是一种生活态度。我们只有学会了感恩，才能体会到快乐。我们没有虎豹的爪牙，没有燕雀的翅膀，却能世世代代地存活在世上，实在是应该心存感激，感激亲人，感激同类甚至万物。因为，我们的命是自己的，没有人应该为我们做什么，但我们一直在享受着别人的劳动、付出，又怎么能不常怀感恩之心？"

情景设置二：小兵这样做对吗？

> 小兵是一个腿部有残疾的小学生，行动不方便。幸好小兵班的教室在一楼，小兵平时上课不用爬楼梯，倒没什么大碍。但是，音乐教室在教学楼的三楼，班主任王老师为了能够让小兵和同学们一样上音乐课，每次都要把小兵背到音乐教室里，三年来从不间断。但是，有一次王老师病了，没有及时去教室里背小兵到音乐教室上课，小兵非常生气，在教室里破口大骂："王老师死哪儿去了？……"

老师根据情景提问："现实中，你是否遇到过这样的情况？想一想，你是否做过类似的事情？"

学生愣愣地不回答。

老师："比如，对疼你爱你的妈妈吆三喝四、怒言相向，你做过吗？"

学生2："老师，我上初中的时候，妈妈每天早上5点钟起床给我做饭。有一次，她做完饭以后，感觉时间还早，就去染自己的白头发了，结果就忘记时间了，比平时晚了10分钟叫我起床，我起床后非常生气，对妈妈大吼大叫。"

老师："你妈妈当时是什么反应？"

学生2："妈妈也觉得她叫我起床晚了，连连给我道歉。但是，我现在想想，这是我的不对。因为上学是我自己的事情，妈妈每天叫我起床我应该感谢她，而不应视作理所当然。妈妈要是忘记时间叫我起床晚了，我也不应该对她大吼大叫。"

老师："谢谢这位同学与我们一起分享自己的亲身经历和感受。我建议你今天中午给妈妈打个电话，以后对妈妈好一些。"

学生2："谢谢老师。"

学生3："老师，我爸爸去世早，我妈妈后来又给我找了一个爸爸。他对我很好，但是我从来没有正眼看过他。我觉得自己做得不好，晚上我也给他打个电话。"

老师带头为这两个学生鼓掌。

老师："现实中，同学们还有没有发现类似的事情？"

学生4："老师，我觉得为我们学校打扫厕所的阿姨挺辛苦的，但是同学们不尊重她的劳动。"

学生5："是的。有的人乱丢垃圾，不冲厕所，而且还说那个阿姨的工作就是替她冲厕所。"

学生6："还有人说，就因为自己乱丢垃圾，阿姨才不会失业。虽然是玩笑话，但是我觉得这样很不好，没有感恩之心，还强词夺理。"

老师展示课件。

> 看到作业本上红色的对钩，我们要感谢老师的辛勤栽培；看到教室里窗明几净，要感谢值日生给我们清扫垃圾；接过食堂的师傅递给自己的热腾腾的饭菜，也要从内心深处说一声"谢谢"。我们要感谢的，还包括学校的清洁工人、门卫……甚至日光和春雨都曾给我们带来温暖，带来滋润和清新，它们都值得我们深深地感谢。

老师小结："常怀感恩之心，能让我们更深切地感受情、感受爱，能让我们的生活充实愉快，让我们的人生美丽动人，使我们的生命充满温暖，使我们的灵魂得到升华。感谢这一切，被感谢的人或物会继续努力为人类创造，我们却能赢得更多的快乐。而常怀怨怒，受伤害的往往首先是自己，其次是帮助你的人。"

情景设置三：爱在天地间

师生欣赏歌曲《爱在天地间》（可安排学生跳舞）。

老师根据情景提问："请谈一谈在生活中最让你感动的人和事，想一想自己应该怀一颗怎样的感恩之心去对待身边的人和物。"

学生讨论，自由发言。

老师小结："一个和谐的家庭、和谐的集体、和谐的社会，既需要你多些爱心，也需要你多些付出。在付出的同时，人们往往也能获得欢乐。让我们用切实行动去报答父母、亲友、社会，获得快乐的人生。"

情景设置四：如何鼓励别人感恩？

> 小倩是一个15岁的中学生，父亲因车祸去世，母亲带着两个妹妹改嫁，她和年迈的爷爷奶奶生活在一起。她有一个远方的婶子在省城当老师，婶子听说小倩没有生活来源，主动表示愿意承担小倩的生活费。小倩和她的爷爷奶奶都很感激，小倩表示自己一定会努力学习……但是，这样的资助进行了半年，小倩的爷爷忽然不让孩子接受婶子的资助了。原因是，小倩的亲戚们都说这个远方的婶子别有用心，估计是想让小倩将来孝敬她自己……婶子非常伤心，她有自己的聪明可爱的孩子，她从没想过将来年迈时会麻烦小倩，她只是想尽一个长辈的责任……

老师根据情景提问："小倩的亲戚们的想法正确吗？"

学生纷纷："不正确。"

学生1："简直是拿小人之心度君子之腹。"

老师："现实中可能真的有别有用心帮助他人的人，但是不排除有的人帮助别人，仅仅就是为了帮助，没有别的意思。"

学生点头。

老师："他们对婶子的猜测和指责会带来怎样的社会负面影响？"

学生纷纷："可能婶子会伤心，小倩也会因此得不到资助。"

老师："在现实中遇到这样的事情，我们能不能像小倩的亲戚们一样去议论？"

学生2："不能，我们应该尽自己最大的努力去帮助小倩。"

学生3："如果我们没有条件对别人进行物质上的帮助，也应该赞美帮助别人的人，感谢这些助人为乐的人。"

老师："谢谢同学们！现在让我们看看课件里的活动策略提示。"

老师展示课件。

> 信任那些做好事的人，就是对做善事的人最热切的鼓励，就是对生活最真诚的感恩。同时，一旦自己好心地帮助别人，却被误会，要牢记特蕾莎修女的话：即使你是友善的，人们也会说你自私和动机不良，不管怎样，你还是要友善。

老师小结："2011年10月13日，两岁的小悦悦在广东省佛山市被汽车两次碾过，18名路人漠然地走过，没有援助，最后是一个捡垃圾的老太太上前施以援手。人们纷纷向老太太致敬。但是，后来竟有人说老太太援助小悦悦是想炒作自己……这话真让人感觉不可思议。一个捡垃圾的、不识字的老太太，只怕连'炒作'这个词都不理解，何来炒作的想法？

"同学们，为了我们自己生存的环境更加和谐、美丽，让我们给社会上的人一个信任，相信他们会在别人危难的时候伸出援助之手，这也是对社会的净化；同时，感谢那些曾经帮助过我们的人，这种感恩的心，不仅可以愉悦自己，还能鼓励别人。小倩的婶子力所能及地帮助小倩，理应受到尊重，而不是非议；小倩作为侄女，就算没有接受过婶子的资助，将来婶子年迈时也应该孝敬她，怎可因亲戚们的议论就拒绝婶子的一番好意呢？"

情景设置五：勿以善小而不为

> 张社长是《德育报》社长，有一次出差住在宾馆里，出门前随手把穿过的衬衣放在床上。回来后，他发现服务员在整理房间的同时，把自己的衬衣叠得整整齐齐的。张社长非常感动，他虽然急着要赶飞机，但还是抢时间给这个服务员写了一封感谢信。他说："我写这封信是举手之劳，但这个服务员受到鼓舞，以后会更加尽心地照顾旅客，酒店的其他服务员会向这个姑娘学习，将来会有更多的人享受到这样的服务……"

老师根据情景提问："回忆一下，以前你做了好事，是否得到过这样的鼓励？"

学生1："前几天一个老爷爷摔倒在地上，旁边他的老伴扶不起来，后来我和他老伴帮他站起来了，他们也没有讹诈我，还一直说谢谢呢！"

老师："你当时有什么感觉？"

学生1："我觉得很开心。"

学生2："我们帮助别人后，别人若说了谢谢，我们就会很开心；如果没有谢我们，反而讹诈我们，我们就会很生气。"

老师："那么，在以后的日子里，你接受了别人的帮助，该怎么办？"

学生3："我们一定要表示感谢。"

老师："张社长的话给了我们一个怎样的启示？"

学生讨论，自由发言。

老师小结："感恩生活，体会幸福，很简单，简单到对身边人的一句真诚的赞美、一个甜美的微笑、一封信、一个电话……这就可能让生活更加美好。所以，无论我们多么平凡、渺小，都可以怀一颗感恩的心，去回报社会，去鼓励别人。"

情景设置六：只要人人都献出一点爱

大家欣赏歌曲《爱的奉献》。

老师根据情景提问："同学们是否愿意让世界变成美好的人间？"

学生纷纷："愿意。"

老师："为了这一天，我们应该怎样对待别人爱的奉献？我们怎样做才能让世界变成美好的人间？"

学生讨论，自由发言。

老师为整个班会做总结："拥有一颗感恩的心，其实就是让我们每个人都献出一点点爱，温暖那些身在困境中的人，更要信任并感谢那些愿意帮助别人的人。让我们常常提醒自己幸福，'勿以善小而不为，勿以恶小而为之'，哪怕是给身边的人一个真诚的微笑，也属于感恩生活。"

"拥有一颗感恩的心,除了让我们感谢社会,感谢生活,感谢一切帮助过我们的人,给身边的人一个微笑,还包括感谢我们自己,常常给自己一个真诚的微笑。有的同学一旦不开心就揪头发,甚至拿小刀在自己的胳膊上划口子……这些都不是爱自己,没有感谢自己的血肉之身,是得不到快乐的。只有对天、地、人、日、月、星都怀一颗感恩的心,我们才会拥有幸福美满的人生。"

班会在《感恩的心》的旋律中结束。

【班会总结】

感恩,是一个不老的话题。

在学生实习前一学期,我特别设计了中职生感恩社会的班会。因为要让一个民族有感恩之心,就不能只是感恩身边的亲人,而应该扩大到对同类、对万物的感激中。没想到学生在讨论中积极参与,不但明白了我们应该如何拥有感恩之心,还探讨了如何鼓励别人感受助人为乐,如何净化我们的社会风气。

老师在这里的作用仅仅是引导,主要还是依靠学生去思考。而我们的学生,确实值得我们信任,他们在班会中的表现令人满意。

【操作提示】

1. 班会前让学生大量收集关于在社会上感恩的故事,作为班会讨论的资料。学生对自己收集的话题总是格外感兴趣。

2. 老师需大量查阅社会上关于感恩的讨论,一旦学生的价值观出现偏差,老师便可以借鉴别人的说法,从容地与之讨论。能在这样的讨论中获胜的老师,威信会大幅度地提高;反之,若只是强势地让学生接受自己的观点,不能以理说服学生,就会适得其反。因此,这样的班会对班主任的整体素质提出了较高的要求。

二、开阔视野,提高素质

读古诗,唱民歌,赏风光

【推荐理由】

1. 民族的,才是世界的。遗憾的是,现在的学生只迷恋流行歌曲,只熟知网络用语,对我们国家的民歌了解不多。许多班主任对此束手无策。本班会将古诗、民歌、风光结合在一起,用通俗易懂的语言,将较专业的术语进行解释,值得广大教师借鉴。

2. 本节班会几乎不必修改,可在职业学校的任何专业召开。

【适用年级】 中职二年级

【班会背景】

1. 为了提高学生的文学素养,学校挑选了100首必背古诗,让学生背诵、竞赛。为了配合学校的这一活动,在做竞赛动员时,我设计了这一班会。

2. 多数学生并不知道歌曲和古诗的渊源。为了使学生对民族音乐产生兴趣,增进对祖国风光的了解,增强民族自豪感,我将古诗、民歌、风光结合在一起,形成音、诗、画效果,让学生感受民族文化的魅力。

【班会目的】

1. 初步了解我国的古典诗词和民间音乐,欣赏祖国的大好河山,增强学生的民族自豪感,弘扬民族文化。

2. 通过欣赏古诗、民歌、风光,提高学生的审美能力和艺术欣赏水平,陶冶学生的道德情操,激发高尚、健康的人文精神。

【重点难点】

了解古典诗词的魅力,学习中国民歌的分类及特色,了解我国不同地域的风光。

【课前准备】

1. 了解学生对民歌等的困惑。
2. 让学生在课余背诵唐诗、学唱部分民歌。
3. 收集学生旅游时的照片,并配上讲解。
4. 根据学生人数与问题多少,将学生分成若干组。

【设计思路】

1. 读唐诗,由歌曲《读唐诗》开始,导出古诗与歌曲的渊源,并进行背诵古诗的初赛。
2. 唱民歌,讲解民歌分类——号子、山歌、小调,并各欣赏一支歌曲。
3. 赏风光,让学生讲解自己旅游过的地方,并欣赏旅游时的照片。

【班会实录】

老师:"我们伟大的祖国,具有灿烂的民族文化。它历史悠久,距今已有5000多年的历史,创造了绚丽多彩的文化艺术,并且从来没有因为外敌的入侵而彻底中断过,今天我们就一起来读唐诗、唱民歌、赏风光,触摸一下我们中华民族的文化。"

第一乐章:读唐诗

情景设计一:欣赏《读唐诗》

播放歌曲《读唐诗》(这是一首非常简单且朗朗上口的歌曲,一般学生跟着唱几遍就能学会,因此可以在班会前让学生学会)。

老师根据歌曲提问:"在这首歌曲里,你看到了哪些唐诗的影子?"

学生1:"床前明月光……"

学生2:"'窗外的雪'指的是'窗含西岭千秋雪'。"

学生3:"'高飞的白鹭'指的是'一行白鹭上青天''西塞山前白鹭飞'。"

学生4:"关于'鹅'的古诗就更多了。'鹅鹅鹅,曲项向天歌……'"

学生5:"房相西亭鹅一群,眠沙泛浦白于云。"

学生6:"有'鹅儿黄似酒,对酒爱新鹅',还有'春江水暖鸭先知'……"

学生纷纷笑这个同学："'春江水暖鸭先知'，你说的是鸭好不好！"

老师也笑："好！我们现在继续。"

学生7："'思的红豆'是'红豆生南国'。"

学生8："还有'滴不尽相思血泪抛红豆'，可以吗？"

老师："可以。你能否给别的同学背诵一下《红豆词》？也许有人不知道呢！"

学生背诵《红豆词》。（略）

老师："让我们谢谢这位同学。严格说起来，《红豆词》是一首词，是《红楼梦》里贾宝玉唱的。同学们若喜欢，以后我教你们唱。现在我们来继续看后面的歌词。"

学生9："关于边塞的诗就多了，有很多边塞诗人呢！比如高适、岑参。"

老师："现在让我们进行边塞诗人诗词背诵比赛，看看哪位同学知道得多。"

学生竞赛。（略）

老师："想一想，你是从几岁开始背诵唐诗的？"

学生1："据说，我刚会说话时就开始背诵'床前明月光'了。"

学生2："我是从上幼儿园开始背诵的。"

老师："是啊！我的孩子还不会说话，我就开始让他背诵'锄禾日当午'了。"

学生纷纷："不会说话他怎么背诵啊？"

老师："我说一句'锄禾日当午'，他跟着说'当当当当当'，我再说'汗滴禾下土'，他还是'当当当当当'……"

学生爆笑。

老师："由此可见，古诗词在我们的生活中起着怎样的作用？"

学生自由发言，比一比谁背诵的唐诗最多。（略）

老师展示课件。

> 古诗词从时间上说，指 1840 年鸦片战争前中国的诗歌作品；从格律上看，古诗可分为古体诗和近体诗。凡不受近体格律束缚的，都是古体诗。近体诗是唐初开始形成的，在字数、声韵、对仗方面都有严格规定的一种格律诗。古诗词的特点之一是"言有尽而意无穷"，所以在我们的生活中起着重要的作用，在人与人沟通交流的时候，一句古诗就能省去千言万语。

老师小结："从牙牙学语开始，妈妈就教我们背诵《草》《春晓》等唐诗了。因为诗言志，诗可以惊天地、泣鬼神，可以宣扬教化，'温柔敦厚'是'诗之教也'。古诗是我们中国特有的一种文学体裁，中国古诗不但能'言志'，还能让我们的感情更加丰富、敏锐。比如，我们对美女的称谓有'红粉''美人''蛾眉'等，这几个词因为常常用在古诗里，就有了自己的品性、特色，现在再用在文章里，它们给我们带来的感觉是不一样的。'红粉'给人的感觉是只注意外貌形象；'美人'感觉更笼统一些，更全面一些，在文章里看到'美人'，就容易让人想起屈原在《离骚》中所说的'惟草木之零落兮，恐美人之迟暮'；而文章里用到'蛾眉'，就容易让人想起屈原所说的'众女嫉余之蛾眉兮'，让人感觉到这个女子才德意志的美好。我们之所以能有诸多美好的感悟，就是因为中国古诗词的存在，让意思相近的不同的词语给人以不同的联想。这是我们中国特有的，是外国人不容易理解的。我们一定要认真体味、品味。

"接下来，让我们再来欣赏（或歌唱）一下诗词改编的音乐《春晓》《游子吟》。"

情景设置二：欣赏《春晓》和《游子吟》

老师播放《春晓》和《游子吟》的音乐。

老师根据情景提问："同学们知道诗歌和民歌的关系吗？"

学生 1："诗歌是可以唱出来的。"

学生2:"诗歌本来就是人们唱的,但现在大家都只会背诵了。"

老师:"是的,诗歌本来就是用来唱的,我们来进行下一个乐章——唱民歌。"

第二乐章:唱民歌

老师展示课件。

> 中国民歌——民歌是最直接、最质朴地反映人民的思想感情、劳动生活的声乐表现形式。我国地域辽阔,民族众多,文化历史悠久,各民族的民歌数量繁多,艺术价值高。我国第一部诗歌总集——《诗经》,产生于公元前6世纪左右,在该集的305篇作品中,有165篇是民间诗歌。它们总称为"风"。因此,诗歌其实就是民歌的歌词。

情景设置三:让学生演唱自己熟悉的民歌

(学前教育专业的学生还会唱几首民歌,而其他专业的学生就很惭愧了,很多学生根本不知道自己唱的是什么歌曲)

老师提问:"我们家乡的民歌有哪些?"

学生纷纷摇头。

老师:"我们河南的民歌不多,但有《编花篮》啊!"

老师歌唱,学生鼓掌。

老师:"除此之外,还有一个。你们会不会唱《好汉歌》?"

学生张口就唱:"大河向东流,天上的星星参北斗……"

老师:"《好汉歌》是根据我们河南的民歌改编的。"

学生"哇"了一声,问:"老师您怎么知道的?"

老师:"民歌的调,都是由方言的腔调转化而来的。比如说《北京的桥》运用的是北京话(老师唱)——'北京的桥啊千姿百态……',按照曲调朗诵就是'北京的桥啊千姿百态……',很明显有京调。而(老师唱《编花篮》)

'编，编，编花篮，编个花篮上南山'根据曲调读出来就是'编编编花篮，编个花篮上南山'。很明显是河南方言。"

学生再次哄堂大笑。

老师："《好汉歌》里（唱）'说走咱就走啊'，你们用这个曲调朗读出来试试。"

学生："说走咱就走，你有我有全都有……哈哈，果然是河南话。"

老师："所以，民歌是很有意思的。同学们，关于民歌的知识，你们了解多少呢？能否谈一谈，和大家一起分享？"

学生1："我们小学学过，民歌分为三种形式。但我忘记是哪三种了。"

学生2："我也记得学过，但忘记了。"

老师展示课件。

> 原始民歌从5000余年前到今天，是社会大众最熟悉、最喜爱的一种艺术形式，5000年来从未中断，而且每个时代都留下了优秀的篇章。早期民间歌唱的篇章，一方面为我们了解当时的社会生活内容提供了一部分依据，同时也让我们看到了数千年前的先民在以口头形式观察、概括、描述自己的劳作、婚恋、思盼、信仰等行为和感情时所达到的令人惊叹的艺术水准。

老师："民歌的特点有口头性、集体性、流传变异性，一般短小精悍，有鲜明的风格色彩。按照体裁可分为号子、山歌、小调等。也就是说，民歌是口口相传的，是集体创作的，体现了劳动人民集体的智慧，旋律和歌词都不复杂，朗朗上口，容易学会，并且和现实生活联系紧密。因为我国幅员辽阔，民歌的种类相当繁杂。

"接下来请大家欣赏《川江劳动号子》《赶牲灵》（信天游，山歌的一种）和《茉莉花》（小调）。"

老师根据情景提问："这些民歌有怎样的不同？"

学生3："有的高昂，有的温婉，有的很自由。"

学生4："《赶牲灵》很空旷，很悠扬，我喜欢。"

学生5："《茉莉花》很动听，我喜欢。"

学生纷纷表示，不太喜欢劳动号子。

老师："以前没有机器劳动，要划船、搬运重物等，需要合作。一旦合作就需要节奏统一，劳动号子的作用就是统一节奏，所以在那时市场相当大。现在基本上不用人力合作划船、搬运重物了，号子离我们的生活就越来越远了。但是，我们还是要大致地了解一下号子的特征。"

课件展示。

> 1. 劳动号子
>
> 劳动号子是一种和劳动节奏密切相结合的民歌，它产生在体力劳动之中，直接为生产劳动服务，真实地反映着劳动者的劳动状况和生产者的精神面貌。劳动号子分为搬运号子、农事号子、工程号子、作坊号子和船渔号子。
>
> 劳动号子的特点如下：
> ①即兴编创，内容和生产劳动有关；
> ②律动感强，节奏鲜明，风格坚毅质朴、粗犷豪迈；
> ③演唱形式以一领众和为主。

老师播放《黄河船夫曲》。

课件展示。

> 2. 山歌
>
> 山歌是人们在山野、田间、牧场等劳动中即兴抒发思想情感时所编唱的民歌。

山歌的特点如下：
①节奏自由，抒情性强；
②题材广泛，歌词常带有即兴性；
③形式多样；
④音调高亢嘹亮。

老师播放《走西口》。
课件展示。

3. 小调

小调是流行于城镇集市的民间小曲，多产生于民间日常生活和风俗性活动，经过历代流传，艺术上多经加工。小调分布于大多数汉族地区，以山东、河北、江苏更具代表性。

小调的特点如下：
①小调的演唱基本上离开了劳动现场，主要流行于市井之酒肆茶楼、节日庆典场合；
②除了农民之外，它更多的是在市民、商人、小手工业者以及一部分职业歌手、半职业歌手中传唱；
③它流传广泛、题材广泛、歌词规整，一般不是即兴创作，旋律性强，易于流传；
④演唱形式以独唱为主，也有齐唱，常有乐器伴奏。

师生欣赏《绣荷包》。

老师小结："通过欣赏民歌，我们知道劳动号子、山歌、小调都有其不同的特点。

"劳动号子是一领众和，有即兴性，旋律很简单。山歌比较悠扬，是在田间地头劳动时为排遣寂寞而唱。电影《刘三姐》里的很多插曲,都是山歌。刚才我们欣赏《茉莉花》,其实,《茉莉花》有很多的版本,其旋律区别很大,歌词却差不多。因此,人们说小调有'脚',人们可以根据自己的喜好改编。

"同学们,我国地域辽阔,民族众多,文化历史悠久,各民族的民歌数量繁多,艺术价值高。希望同学们在以后的日子里多关注我们民族自己的音乐。接下来请欣赏歌曲《美丽的阿瓦日古丽》。"

老师播放视频《美丽的阿瓦日古丽》。

老师根据播放情况提问:"这个视频深深打动你内心的有哪些方面?"

学生讨论,自由发言。

学生1:"歌曲很动听。"

学生2:"图片更美丽!"

学生3:"歌词也不错。"

学生4:"音、诗、画结合在一起,真是美轮美奂。"

课件展示。

> 民歌的歌词是诗歌,民歌的内容其实就是我们的大好河山、劳动生活,三者结合在一起,就是世界上难以用语言表述的最美丽的情趣。

老师小结:"由诗词到民歌,我们了解到了祖国最美的古文学和最动听的音乐,是怎样的一片热土孕育了这最璀璨的文化呢?请欣赏第三乐章——赏风光。"

第三乐章:赏风光

情景设置四:欣赏各地风光

老师让学生将准备好的外出旅游的照片分组拿出来播放,并让学生讲解当地的风土人情。

第一组学生播放的是江南水乡苏州，亭台楼阁、小桥流水，配的音乐是《苏州好风光》。

第二组学生播放的是东北雪乡，莽莽雪原、玉树琼花，配的音乐是京剧《管叫山河换新装》。

第三组学生播放的是西双版纳，热带雨林、满目苍翠，配的音乐是《月光下的凤尾竹》。

第四组学生播放的是南海风景，海浪、沙滩、碧波荡漾，配的音乐是《请到天涯海角来》。

第五组学生播放的是北京风貌，紫藤、古槐、四合院，配的音乐是《故乡是北京》。

最后，老师请学生谈谈看完这些风光、听完这些歌曲的感想。

学生自由讨论，发表感想，大致认为我们的祖国幅员辽阔，风貌各异，而且每个地方的歌曲也各有特色，可见民歌和地理位置确实息息相关。

老师："你是否知道我们的国土有多大面积？最南边的省份是哪个？最北边的省份是哪个？我们有多少个民族？谈谈你家乡的美，谈谈你去过的最美丽的地方。"

学生自由讨论，发言。（略）

课件展示。

> 我国陆地国土面积约为960万平方千米，约占亚洲陆地面积的1/4，约占全世界陆地面积的1/15，仅次于俄罗斯和加拿大，居世界第三位。我国还有广袤的海洋国土。我国管辖的海域面积约为300万平方千米，是世界上为数不多的海洋大国。最南边的省份是海南省，最北边的省份是黑龙江省。当北国白雪飘飘的时候，南疆却还是草长莺飞。每一个地方，都有着醉人的风光。

老师小结："我们中华民族历史悠久，且不说唐诗宋词、山歌小调，也别说小桥流水、古藤紫槐，仅仅是西村种花、东港撒网、北国播种、南疆打场的勃勃生机，就让我们内心升起丝丝自豪，同时，也备感肩头重任。愿我们从今天开始，从现在开始，深入了解中华民族文化，熟知祖国的瑰宝，并一代一代地向下传。"

班会在歌曲《在希望的田野上》的旋律中结束。

【班会总结】

在设计这次班会的时候，我的内心一直是忐忑的，担心学生对诗、音、画理解得不到位，担心学生不喜欢这样的主题。班会召开后却发现学生的积极性相当高，因为世界上有一种东西，就算你不去讲解、探索，它也是美丽的，是能深深吸引我们的。比如我们中国的古诗，是孩子牙牙学语时就开始接触的，却因为应试、训练，让孩子们忽视了对诗词本身美的感受；再如民歌，与每个地方的方言、风俗，甚至当地人的性格等都息息相关，这是很多学生从来没体会过的（也许在音乐欣赏课上老师讲过，学生却由于年龄、学习习惯等原因而没有认真听）；而最后一个环节"赏风光"，将整个班会推向了高潮，这不仅因为照片是学生提供的，还因为我们的祖国确实魅力无穷。

召开这样的班会，老师和学生一样能体会到成长的愉悦，受到美的熏陶。

操作提示

1. 班会前老师需要对民歌有较详细的了解。

2. 班会最好配合学校背诵古诗的活动进行，因为学生掌握了大量诗词，所以他们参加讨论会更加积极。

3. 老师虽然将收集照片并做课件的任务交给了学生，但一定要指导学生给照片配音乐。

4. 老师自己最好也收集一些风景照片，一旦学生没有完成任务，老师可以将自己收集的照片展现出来。

5. 这个主题班会需要两个课时，最好利用晚自习的时间。

三、弘扬民族文化

读宋词，品戏曲，赏服饰

【推荐理由】

中国文化博大精深，但学生对宋词仅仅停留在应试背诵的层面，没有深切感悟其中之美。学生对中国戏曲和民族服饰更是知之甚少。而传承民族文化的精髓又迫在眉睫，遗憾的是很多班主任对此不知从何入手。本次班会基本上可以照搬，值得向广大老师推荐。

本次班会对师生都是一种美的熏陶和感染，值得借鉴。

【适用年级】 中职二年级

【班会背景】

在召开了"读古诗，唱民歌，赏风光"的主题班会后，学生对民族文化的兴趣空前高涨，主动要求继续召开关于宋词、戏曲的班会。又考虑到我们中华民族的服饰很有特色，因此我设计了这样一次班会。

【班会目的】

1．让学生了解我国宋词的魅力以及戏曲和服饰艺术，增强学生的民族自豪感，弘扬民族文化。

2．通过欣赏宋词、戏曲、服饰，提高学生的审美能力和艺术欣赏水平。陶冶学生的艺术和道德情操，激发高尚、健康的人文精神。

【重点难点】

了解宋词的魅力，学习中国戏曲行当，欣赏戏曲服饰和各民族服饰。

【课前准备】

1．调查学生对戏曲的了解情况。

2．让学生在课余背诵宋词，学唱部分地方戏。

3．让学生收集各民族服饰的照片。

4．根据学生人数与问题多少，将学生分成若干组。

【设计思路】

1．由歌唱、欣赏《月满西楼》开始，让学生了解宋词产生的原因，及其与唐诗相比独有的魅力。

2．由欣赏豫剧《花木兰》选段《谁说女子不如男》开始，让学生了解戏曲的行当、服饰，并了解京剧、黄梅戏等较著名的剧种。

3．由戏曲服饰开始，引申到各民族服饰的特点，让学生自己收集图片并分组讲解。

【班会实录】

老师："前段时间，我到广州开了一个班主任培训的讲座，结束后，有一个领导问：'你们学前教育专业的学生毕业后愿不愿意到广州来？'我当时回答：'我们的学生毕业后一般都留在郑州，来广州的不多。你们这里不是有学前教育专业吗？'领导说：'感觉你们中原的人文化底蕴挺深厚的。我们这边经济是富裕了，但是人们有点浮躁。'我当时油然而生一种自豪。上次班会中我已经说过，我们伟大的祖国具有灿烂的民族文化。它历史悠久，距今已有5000多年的历史，创造了绚丽多彩的文化艺术，从没有因为外敌的入侵而彻底中断过。这些文化瑰宝我们中原人都不去了解、欣赏、探索，岂不是太可惜、太遗憾了？

"今天我们就一起来读宋词，品戏曲，赏服饰，触摸一下中华民族的璀璨文化。"

第一乐章：读宋词

情境设计一：学生欣赏或吟唱《月满西楼》

老师提问："谁能告诉我，《月满西楼》是谁的词？"

学生异口同声："李清照。"

老师："这首词描绘的主题是什么？"

学生1："描绘李清照对丈夫赵明诚的相思之意。"

老师:"谁能告诉我,这首词里最经典的句子是什么?"

学生纷纷:"花自飘零水自流。一种相思,两处闲愁。此情无计可消除,才下眉头,却上心头。"

老师笑:"大家背诵理解得不错哦!想一想,你们是什么时候开始背诵宋词的?"

学生纷纷:"反正没有背诵唐诗开始得早。"

老师:"为什么?"

学生愣愣地不说话。

老师:"因为诗言志,诗可以惊天地、泣鬼神,可以宣扬教化,是正当的,是应该让小孩子去学的。但是词里边写的是什么啊?词里边写的是男女的相思爱情,是伤春离别。现在我想问同学们,你们知道宋词与歌曲的关系吗?"

学生1:"宋词本来是文人墨客写给一些歌女唱的。"

老师带头鼓掌:"谢谢你!宋词其实是歌词。现在让我们比一比,看看谁背诵的宋词多。"

比赛。(略)

老师播放课件提示。

> 宋词是中国古代文学皇冠上光辉夺目的一颗巨钻,在古代文学的阆苑里,她是一座芬芳绚丽的园圃。她以姹紫嫣红、千姿百态的神韵,与唐诗争奇,与元曲斗妍,兼有文学与音乐两方面的特点。

老师小结:"在我很小的时候,家长和老师也不赞成我读太多的宋词。但是,世界上有些美好的文学,它本身就有一种魅力,你读它,就被它感动了,就被它吸引了。后来我发现,宋词其实并不像很多人想象的那样没有教化意义,只是很多时候,我们没有向深处思索。比如,我们现在来欣赏韦庄的

《思帝乡·春日游》——"

学生阅读幻灯片上的文字。

> 春日游,杏花吹满头。
> 陌上谁家年少,足风流?
> 妾拟将身嫁与,一生休。
> 纵被无情弃,不能羞。

老师:"谁来讲一下,这首词说的是什么?"

学生思索了一会儿,一个女生说:"好像是说一个姑娘在春游的时候与一个少年一见钟情。"

老师:"还有人要发言吗?"

学生不再回答。

老师:"是的,这首词说的是:在风和日丽的春天,一个美丽的女孩去郊外春游,原野里草长莺飞、落英缤纷,微风吹来,女孩满身满头都是杏花。女孩这时候就想了:当我在春游的路上行走的时候,就想看一看陌上哪一个少年是真正的有才学、有情义,'足风流',那么'妾拟将身嫁与,一生休'。这里的'妾''将''嫁'都是在嘴唇和舌尖发出的声音,感觉很坚决。女孩想,如果我寻找到了这样一个理想的男子,我就要嫁给他,将我的一生托付给他,就算最终被辜负了,我也不后悔。"

学生纷纷感叹:"哇——"

老师:"这是韦庄的词,韦庄是一个男人。"

学生1:"他在词里写的是一个多情姑娘的许身。"

老师:"但是,同学们,在我们中国文化里,难道只有女人才许身吗?杜甫曾经写过一首诗:'杜陵有布衣,老大意转拙。许身一何愚,窃比稷与契。'杜甫的意思是,我年龄这么大了,在别人看来我是很愚蠢的,我就是有这么傻的一个理想,我想成为稷与契那样的人。稷是古代教人家种庄稼的人,传说世界上只要有一个人吃不饱,他的心都不安生;契是舜的司徒,据说世界上只要有一个人不快乐,他就会自责。我们在座的每一个同学,都有自己的理想,也就是说每个人都有许身的理想,你许身的理想是什么?"

学生2:"不知道。"

老师:"你现在认真想一想你许身的理想是什么。是许身给电子游戏了吗?是许身给QQ了吗?是许身给电视机了吗?"

学生3:"老师,我们听不懂。"

老师:"好!让我说得再详细一些。比如,我知道社会上有的人是许身给麻将了,颈椎问题很严重了,还是离不开麻将桌。这就是韦庄说的'纵被无情弃,不能羞'。我们学校的老师是许身给教育事业了,也就是说,我纵然永远清贫、永远默默无闻,也绝不后悔。所以,我们不妨把这首诗看作一个青春年少的人,在学习前进的路上,思索着自己该有一个怎样的理想。这个理想符合自己的兴趣吗?能给自己带来极大的成就感、愉悦感吗?如果回答是肯定的,那么,'妾拟将身嫁与',纵然最后没有成名成家,我也不后悔。因为,并不是每一个追求都能成功,成功不了,我也认了。"

学生4:"哇!好啊!有个性。"

学生纷纷点头:"我喜欢!不是温暾水。"

老师:"看一看,这就是宋词,这就是我们中华民族的文化。你不去了解,不去探索,是难以想到这些的。"

学生5:"呵呵,中国文人怎么这么喜欢把自己比作女人啊!"

老师:"这个问题提得好!中国文人为什么总喜欢将自己比作女人呢?这就又涉及了一个伟大的人物——屈原。屈原曾说'众女嫉余之蛾眉兮',就是说,我的品质太美好了,容貌太漂亮了,所以引起了那些女人的嫉妒等。屈原曾影响了一代代的文人墨客,他有了这样的比拟,别的文人也就延续了下来。再如,王国维曾经说成大事业、大学问的三重境界,哪位同学知道?"

学生6:"我知道。第一境界:昨夜西风凋碧树,独上高楼,望尽天涯路(晏殊)。这本来是说一个人因为思念远方的亲人,昨天夜里失眠,一直向远方眺望，却一直没有看见亲人的影子。说到追求事业的境界，指的是遥望理想、渴望进步。第二重境界：衣带渐宽终不悔，为伊消得人憔悴（柳永）。这本是写一个女子因为相思，吃不下饭，睡不好觉，人都消瘦了。在追求事业的境界里，指的是为了追求事业而废寝忘食。第三重境界：蓦然回首，那人却在，灯火阑珊处（辛弃疾）。本来说的是正月十五，我在灯会上苦苦寻找心上人，一直找不到，忽然一回头，却发现心上人就在那个不太有灯光的地方。"

老师："是啊！这些描述爱情的词，其实都蕴含着更深远的意义。因为，我们的词总是能给人最丰富的联想。

"接下来，我们再来欣赏一首《相见欢》，是李煜写的。"（老师播放幻灯片，师生欣赏邓丽君演唱的《相见欢》）

> 林花谢了春红，太匆匆。无奈朝来寒雨晚来风。
> 胭脂泪，相留醉，几时重。自是人生长恨水长东。

老师："谁能解释一下这首词的含义？"

学生7："单单从词上看，描写的是春天花落了，不是一朵花飘零，不是一束花飘零，而是一个林子的花都落了，太过匆匆了啊！很多花的花期都是很短的，有的是三五天，已经很不错了；有的是一个星期，这就算长久了。若是在这盛开的几天里，每天都阳光明媚、和风徐徐还好，也能对得起这三五天的生命了，偏偏有可能迎来早上的冷雨、晚上的寒风。"

老师："谢谢这位同学的解释。这让我们想到：我们的生命是有限的，相对于存在了几十亿年的地球，我们几十岁的寿命，实在是太短了，每个人在一生中都不可避免地要遇到一些挫折、磨难。接着他写到'胭脂泪'，看着美丽花瓣上的水珠，就如同美人脸上的泪珠，在留恋世界，在让我沉醉。人生不也是如此吗？世间万物的生命不也是如此吗？匆匆、太匆匆啊！李煜让人感叹的，不仅仅是花、人，更是世间万物。我们都应该珍惜目前所拥有的。这就是宋词的大境界，并不是如很多人所说，表现的仅仅是小情调。"

第二乐章：品戏曲

老师："前面，我们知道了宋词里有大境界，那是因为我们熟悉的那些大词人，比如韦庄、冯延巳、欧阳修、苏东坡等，都是宰相级的人物，李清照是女中豪杰，李煜是皇帝，他们的视野、胸襟是非常开阔的，他们的思想自然也深刻。这是上层社会的文化。随着时间的推移，到元朝后，文化就逐步走向民间。"

学生问："为什么？"

老师："因为元朝是蒙古人的天下，很多有文化的汉人在仕途上发展不下去，就到了民间，所以我们的文化也跟着向世俗化发展，这就是元曲，也就是现在我们所说的戏曲。"

情景设置二：欣赏地方戏

学生欣赏家乡的地方戏《谁说女子不如男》。（其他地区也可以播放自己的地方戏，如上海播放沪剧、安徽播放黄梅戏等）

老师提问："同学们会唱多少地方戏？能否唱一曲与大家一起分享？"

同学们纷纷摇头。

学生8："我知道我们河南比较著名的戏曲有《朝阳沟》《穆桂英挂帅》。"

学生9："还有《白蛇传》《抬花轿》。"

老师："能唱几句吗？"

有学生站起来，但是他们大多唱不完整。

老师让第一组学生播放他们自己做好的幻灯片并讲解。

◆ 中国戏曲和芭蕾舞、歌剧并称世界上三种典型的戏剧文化形式。

◆ 中国戏曲与希腊的悲喜剧和印度的梵剧并称为世界三大古老戏剧。

> ◆唱、念、做、打是戏曲表演的基本功。唱：歌唱。念：音乐的念白。做：舞蹈化的形体动作。打：武术或翻跌的技艺。

老师："中国戏曲中人物角色的行当分类，按传统习惯，可以分为哪几类？"

学生纷纷："有生、旦、净、末、丑。"

老师："是的，近代以来，由于不少剧种的'末'行已逐渐归入'生'行，通常把'生、旦、净、丑'作为行当的四种基本类型。每个行当又有若干分支，各有其基本固定的扮演人物和表演特色。其中，'旦'是女角色的统称；'生''净'两行是男角色；'丑'行中除有时兼扮丑旦和老旦外，大都是男角色。其中'净'的脸谱最为夸张、美妙。"

情景设置三：欣赏《万紫千红梨园早》唱段

教师带学生边欣赏，边指出其中演员的行当，并分析唱段里演员都表演了哪些基本功。

老师跟随剧情讲解。

第一段《野猪林》，是《水浒传》里鲁智深搭救林冲的一段。鲁智深可谓是梁山泊第一重情义的好汉，他古道热肠，喜欢打抱不平，并且管闲事一定要管到底。在这里，鲁智深的行当是"净"，用的基本功有唱、做、打。

第二段是《杨门女将》里佘太君的一段。北宋时期，宋太宗年间，皇帝迷恋女色，疏于朝政，朝中奸臣当道，边关烽火连绵，战事不断，民不聊生。西夏国以势不可当之势，举兵进犯中原，欲夺大宋江山，杨家虎将都已战死，只剩杨宗保一人镇守边关，朝中奸臣潘太师有意陷害，拒不发兵，致使杨宗保惨死，杨宗保之妻穆桂英强忍丧夫之痛，披挂上阵，带领杨家一众遗孀，奔赴战场，一场浴血奋战拉开了帷幕……佘太君是老旦，表演的基本功也是唱。

第三段《牧虎关》，是杨家将高旺所唱。因奸臣专权，高旺被贬至雅致府为民，一家失散。后因六国侵宋，佘太君命杨八姐女扮男装请高旺。高旺行至牧虎关，守将张保出战，不敌；张妻出战，高旺加以嘲弄；张妻用黑风帕困高，高本精于此术，又破之。张母登城见高，始知来者是自己的丈夫，夫妻相认，迎入关中，高见子媳，大惭，一家团聚。这里高旺也是净，表演的基本功是唱、做。

第四段《锁麟囊》是京剧程派名戏，讲的是富家女薛湘灵自幼受母溺爱，出嫁时获母陪嫁锁麟囊一只，内装奇珍异宝。途中恰遇大雨，避雨春秋亭中，听得从同在亭内避雨的一乘小轿里传出哭声阵阵，始知贫女赵氏也在当日出嫁，见湘灵排场，自怜卑贱，悲从中来，故而啼哭。湘灵遂隔帘让丫鬟以锁麟囊慷慨相赠。雨住分别时，湘灵行善不留名。六年后湘灵因水灾与家人离散，流落他乡，衣食无着，无奈之下，只好入卢府为仆。一日她领小少爷在花园玩耍时于东角阁楼上再见已被卢家供在神案上的锁麟囊，睹物思人，方知卢府女主人即当年收赠囊之贫女。最终在赵氏帮助下，湘灵一家得以团圆。两人结拜为异姓姐妹。湘灵在这里是正旦，表演的基本功也是唱。

第五段《大登殿》，讲的是唐丞相王允生有三女，大女金钏嫁苏龙，二女银钏嫁魏虎，两个女婿都是做官的，而三女宝钏，偏要搭彩楼抛绣球选婿，王允应允，结果球中花郎薛平贵。王允嫌贫爱富反悔承诺，宝钏力争不果，与父三击掌，离家随平贵投奔寒窑。后来平贵因种种原因，在战争中被代战公主招亲，并驾坐西凉。18年后平贵回国，与苦守寒窑的宝钏在武家坡相聚团圆，又由代战公主保驾，攻破长安，平贵乃登宝殿。宝钏终于苦尽甘来。她在这里也是正旦，主要表现了唱功。

老师："同学们在欣赏戏曲的过程中，可能已经看出来，我们中国的脸谱非常漂亮、夸张、有特色。现在请大家一起来欣赏京剧脸谱。"

老师根据图片提问："你知道脸谱中的白色、黑色、红色、蓝色都标志着怎样的人物性格？"

学生1："白色是奸臣。现在我们说某人是'小白脸'，就是贬义词。"

学生2："对！曹操就是白脸。"

学生3："包拯是黑脸，表示忠诚。"

学生4："好像就只有包拯一个人是黑脸。"

学生5："张飞也是黑脸。"

学生4："其他人的脸就算黑也没有包拯黑得那么厉害。"

学生5："关公是红脸，表示忠义。"

学生6："窦尔敦是蓝脸，典韦是黄脸。"

学生纷纷："你怎么知道？"

学生6："我听《说唱脸谱》里唱的啊！'蓝脸的窦尔敦盗御马，红脸的关公战长沙。黄脸的典韦……'"

老师为学生鼓掌，让第二组学生播放他们自己准备的幻灯片。

> 脸谱是表现人物特征的手段，有红、紫、黑、白、蓝、绿、黄、老红、瓦灰、金、银等色，一般来说，红色描绘人物的赤胆忠心、义勇无俦（如关公）；紫色象征智勇刚义；黑色体现人物忠心耿耿、正直的高贵品格（如包拯）；水白色暗喻人物生性奸诈、手段狠毒的可憎面目（如曹操）；油白色则表现自负、跋扈的性格；蓝色喻指刚强勇猛；绿色勾画出人物的侠骨义肠；黄色意示残暴；老红色多表现德高望重的忠勇老将；瓦灰色喻示老年枭雄；金、银二色，多用于神、佛、鬼怪，以示其金面金身，象征虚幻之感。

老师小结："京剧脸谱的用色虽分类型，但也不是绝对的，仍有很大的灵活性。如红色，在《三国演义》戏里用来表现关羽，是为了象征其性格；但在《法门寺》戏里太监刘瑾的红脸，则是肤色的夸张，表现其养尊处优、权压朝臣的地位，再加上眉、眼、嘴部勾画出的奸诈表情，使人一看就知是一位擅权的太监。脸谱夸张而美妙，是我国特有的文化瑰宝，望同学们在课下多加欣赏。"

第三乐章：赏服饰

情景设置四：欣赏《大羽华裳》片段

老师提问："欣赏完《大羽华裳》你有什么感觉？"

学生纷纷："太美了！"

老师："你是否能说出此曲有哪些行当？"

学生讨论，自由回答。（略）

老师："衣服呢？我们的戏曲服饰如何？"

学生纷纷："美轮美奂啊！"

老师："你知道这些服饰的名字吗？"

学生摇头。

老师："这是我们的文化瑰宝，是必须要了解的啊！"

老师让第三组学生播放他们自制的幻灯片并讲解。

> 蟒，是帝王将相等有高贵身份的人物所通用的礼服。
>
> 帔，即对襟长袍，是帝王、中级官吏、豪宦乡绅及其眷属在家居场合所通用的常服。
>
> 红官衣的尺寸比官衣略小一些，专用于如七品知县身份的喜剧人物或反面人物。
>
> 箭衣属轻便的戎服，应用范围很广，上自帝王、武将，下至英雄豪杰、衙役狱卒等俱用。箭衣按花色、质料的不同，细分为彩绣龙箭衣、平金龙箭衣、团花箭衣、花箭衣、素箭衣、布箭衣6个品种。
>
> 罪衣形制是大襟立领，窄袖。由布料制成。
>
> 褶，即斜领长衫，是广泛使用的便服，一般通用于平民百姓，也用于文武官吏及其眷属。

老师小结:"中国戏曲的服饰有一种惊心动魄的美。演员们衣袂飘飘,美轮美奂,整个舞台充满诗情画意。舞台上角色的或喜或怒、或逗或笑、举手投足、一颦一笑都有极高的艺术价值,展现了我国艺术丰富的想象能力。音乐、文学等艺术都来源于生活又高于生活。其实,我们56个民族的服饰也是非常美丽的。接下来,让我们欣赏一下中国各民族的服饰。"

老师分组让学生展示自己所收集到的中国各民族的服饰。

第一组展示的是苗族服饰,学生边展示图片边讲解:苗族的服饰种类繁多,区域特征明显,工艺尤为精湛,分有常装、盛装。常装较为简朴,盛装颇为华贵。男子穿对襟或左衽上衣或长衫,着长裤,束大腰带,缠青布头巾,冬天缠裹腿。滇东北、黔西北男子穿花纹麻布衣,披几何图案的羊毛披肩。女子的服饰多姿多彩,大多穿镶绣、织补大襟或对襟上衣,着宽腿裤,衣襟、袖口、裤脚等处绣花镶边;穿长款或短款绣花、蜡染百褶裙或筒裙,系绣花围腰或围裙,绑裹腿。妇女的头饰讲究,发髻梳绾式样复杂,喜戴各种银质饰物,盛装银饰重达10多千克。

第二组展示的是壮族服饰:壮族妇女的服饰端庄得体、朴素大方。她们一般的服饰是一身蓝黑,裤脚稍宽,头上包着彩色印花或提花毛巾,腰间系着精致的围裙。上身着藏青色或深蓝色短领右衽偏襟上衣(有的在颈口、袖口、襟底均绣有彩色花边),分为对襟和偏襟两种,有无领和有领之别。有一暗兜藏于腹前襟内,随襟边缝制数对布结纽扣。在边远山区,壮族妇女还穿着破胸对襟衣,无领,绣五色花纹,镶上阑干。下穿宽肥黑裤(也有的于裤脚沿口镶两道异色彩条),腰扎围裙,裤脚膝盖处镶上蓝色、红色、绿色的丝织和棉织阑干。劳动时穿草鞋,并戴垫肩。在赶圩、歌场或节日穿绣花鞋。壮族妇女普遍喜好戴耳环、手镯和项圈。服装花色和佩戴的小饰物,各地略有不同。上衣的长短有两个流派,大多数地区是短及腰的,少数地区上衣长及膝。

第三组展示的是瑶族服饰:瑶族妇女善于刺绣,在衣襟、袖口、裤脚镶边处都绣有精美的图案花纹。发结细辫绕于头顶,围以五色细珠,衣襟的颈部至胸前绣有花彩纹饰。男子则喜欢蓄发盘髻，并以红布或青布包头，穿无领对襟长袖衣，衣外斜挎白布"坎肩"，下着大裤脚长裤。瑶族男女长到十五六岁时要换掉花帽改包头帕，标志着身体已经发育成熟了。

第四组展示的是藏族服饰：藏族服饰最基本的特征是肥腰、长袖、大襟、右衽、长裙、长靴、编发、金银珠玉饰品等。由于长期的封闭性生活，藏族服饰发展的纵向差异并不大，其基调变化亦小。藏族服饰的形制与质地在较大程度上取决于藏族人民所处生态环境和在此基础上形成的生产、生活方式。

第五组展示的是维吾尔族服饰：维吾尔族的服饰花样较多，非常优美，富有特色。男性的服饰讲究黑白效果，这样粗犷奔放。妇女的服饰喜用对比色彩，使服饰红得发亮，绿得发翠。维吾尔族是个爱花的民族，人们戴的是绣花帽，着的是绣花衣，穿的是绣花鞋，扎的是绣花巾，背的是绣花袋，衣着服饰无不与鲜花息息相关。

第六组展示的是满族服饰：满族女子喜欢穿长及脚面的旗装，或外罩坎肩。服饰喜用各种色彩和图案的丝绸、花缎、罗纱或棉麻衣料制成。有的在旗袍面上绣上一组图案，更多的在衣襟、袖口、领口、下摆处镶上多层精细的花边。脚着白袜，穿花盆底绣花鞋，裤腿扎青、红、粉红等各色腿带。盘头翅，梳两把头髻或旗髻。喜戴耳环、手镯、戒指、头簪、大绒花和鬓花等各种装饰品。

……

老师小结："我们中华民族历史悠久，文化艺术璀璨夺目。仅仅是戏曲的唱念做打、各色服饰，就让我们内心里无比自豪。愿我们从今天开始，深入了解中华民族文化，并努力弘扬和传承中华民族的优秀文化。"

班会在《爱我中华》的歌曲中结束。

【班会总结】

这次班会是在"读唐诗，唱民歌，赏风光"主题班会之后设计的，那时，学校正好在搞古诗词背诵比赛的活动，配合这一活动，我们开始了对民族文化的探究，没想到学生的兴趣浓厚。整整一个月的时间里，学生都在收集有关资料,在收集的过程中,每个人都得到了熏陶。应该说,这两次班会的时间不是3小时,而是1个月。现在上网很方便,老师已经不再是知识的垄断者。我们到网上看看,知识就像超市里的商品一样琳琅满目、任你挑选。我想,作为老师,现在我们的任务可能就是,告诉学生去商店里寻找哪些有价值的物品,而不要去商店把物品替学生买回来——这就是这次班会成功之所在,许多资料是学生自己找到的,最后的知识是学生自己讲解出来的。

操作提示

1. 老师在班会前要对有关戏曲的知识做系统的了解。
2. 班会前布置学生分组到网上查阅关于戏曲、民族服饰的图片和知识,同时辅导学生用通俗易懂的语言讲解出来。
3. 老师自己最好也收集一些关于民族服饰的图片,以防有的学生不认真准备导致课堂冷场。
4. 本班会需要两个课时。

四、实习面试中的引导

做一只重过程的"犟龟"

【推荐理由】

1. 两年的中职学习即将结束,学生一批批地去面试。面试成功的皆大欢喜,面试失败的忐忑不安。这时,老师应该怎样引导学生胜不骄、败不馁?本次班会为广大班主任做了示范,值得参考。

2. 本次班会虽然只是讨论、解答,但整个气氛和谐、活泼,值得借鉴。

【适用年级】中职二年级(实习面试前后)

【班会背景】

中职的实习向来是双向选择,用人单位会来到学校挑选学生。一般是待遇最好的单位先挑选，他们意在挑选学校最优秀的学生。没有被选上的学生，就会感到难过、伤感。但是，也有优秀的学生感觉好的单位不一定适合自己，他们认为"宁当鸡头，不做凤尾"比较好。

这次班会就是在学生实习面试期间召开的。当时，只有一小部分学生通过了最好的用人单位"蓝天育儿公司"的初试，他们在快马加鞭地做准备，没有面试成功的学生也平静下来，打算迎接下一次面试。学生在面试中产生了很多困惑，急需老师的指导。

【班会目的】

1．帮助学生做好充分的面试准备。

2．预防学生因为面试失败而气馁。

3．与学生一起探讨什么样的单位最适合自己。

【重点难点】

让学生明白，无论面试成功还是失败，都是人生的一种经历，都能有所收获。

【课前准备】

1．了解学生的动态。

2．了解面试中需要回答的问题、需要注意的事项。

3．总结以前学生在面试中出现的问题。

【设计思路】

1．为学生解惑，回答他们在面试中遇到的问题。

2．讨论当鸡头还是做凤尾。

3．讲故事《有一只"犟龟"叫陶陶》并讨论。

4．讲以前学生在面试中出现的问题。

【班会实录】

老师："同学们已经开始实习面试，我知道大家有很多困惑。今天的班会，我们一起来探讨这些困惑。"

1. 面试中可能遇到的问题及参考答案

晴儿首先问:"老师,若是公司领导问'班里有小朋友在捣乱,课堂气氛一团糟,你怎么办',我们该怎么回答?"

这个问题很有代表性,我先让学生出主意。有人说:"做游戏。"

有人说:"大声呼唤'别说话'。"

我说:"你们感觉大声呼唤'别说话'有用吗?"

学生纷纷摇头说:"没用。"

有人说:"那就想办法吸引孩子们的注意。"

我说:"但是,怎么吸引呢?"

教室里安静下来,我说:"我在一本书里曾看见过这样的文章:老师走进课堂,发现教室里乱糟糟的,就面带笑容说:'表扬——小明坐姿端正。表扬——小红很安静。'教室里马上安静了下来,因为孩子们都希望得到表扬。你们说,这个方法好不好?"

学生纷纷点头。

思彤说:"我即将应聘的是一家蒙氏机构。若是领导问'你为什么选择我们公司',我们该怎么回答?"

我说:"第一,你先从宏观上回答,就说'蒙台梭利教学法'有先进的教育理念,我回想自己经历过的童年,当时若能接受这一教育,现在一定会更加优秀。现在,我们已经错过了那么先进的早期教育,就希望自己能作为使者将这一先进理念带到社会上,让更多的孩子受益。第二,你可以从自身谈起:我们学的是学前教育,正好和蒙式教育对口,进入这一单位,能更好地发挥自己的优势。第三,我们有学姐在这里上班,听说这里的领导很有远见,这里的员工很善于合作,相信在这里会工作愉快的。"

舞琴说:"若人家问'你来这里能干什么',我们该怎么回答?"

我说:"你们先谈自己的特长、爱好,然后回答:'假若我的这些特长在这里都没有展示的平台,没关系!我年龄还小,我愿意学习。有人说,21世纪看的不是学历，不是能力，而是学习力。我愿意不断地挑战自己，适应工作。'"

惠子问："若人家问'你感觉自己是个什么样的人'，我们该怎么回答？"

我说："你们可以回答：'人最难认识的就是自己，直到现在，我也不知道自己对自己的认识是否客观，但我会不断地审视自己的行为，调整自己的思路。因为一个人若要成功，必须拥有自知力、自信力和自制力。我会努力认识自己，并提高自信力和自制力。'也就是说，咱们可以把问题躲开，绕过去。"

小可说："若人家问'你希望每月能拿到多少工资'，我们该怎么回答？"

我说："你可以回答：'我当然希望收入高一些，但这应该看我的能力有多大。如果我不能为公司创造财富，当然也不可能从这里得到丰厚的报酬。因此，我愿意努力。每个员工都努力工作，公司就会越来越红火；公司越来越红火，每个员工也就都有了前途，并有了较高的收入。'当然，如果他们非要让你们说个准数，而你对这个单位又特别满意，你最好先打听一下，他们这里老员工的收入是多少。"

韩悦感叹："老师，看您回答得这么流畅，干脆您去应聘算了。"

我笑："不，我的回答也是禁不住推敲的，仅供参考，你们再动一番脑子，一定能有更完美的答案。"

2．当鸡头，还是做凤尾

有人说："我就不喜欢进那个'蓝天育儿公司'。那里人才太多了，我们去了压力会很大，还不如找一所小的幼儿园。俗话说'宁当鸡头，不做凤尾'，我就愿意当鸡头。"

马上有人反对说，当然是做"凤尾"比较好，到一所好的幼儿园上班，发展空间很大，会养成终身学习的好习惯。

我赞同，问："同学们支持哪种说法？"

又有人说："还是当'鸡头'比较好。在一所普通幼儿园，因为我们的出色，可能会有更多的培训机会。若在好的幼儿园，就算有了接受培训的机会，哪里会轮到我们呢？"

我也赞同，却又问："怎见得在好的幼儿园就一定缺少接受培训的机会呢？"

有学生站起来说："前段时间我们学校的一株碧桃开花了。因为整个校园里就一株碧桃，其他花木还不到花期，所以它引起了全校所有同学的赞叹、关注，很多人为它拍照，或与它合影留念。其实离我们学校不远的绿荫广场上简直是一片花的海洋，那里有许多碧桃，却因为其他鲜花烂漫，碧桃在那里就不够引人注目了。我认为，碧桃开在我们的校园里备受关注，就如同当了鸡头，风光占尽；碧桃开在绿荫广场上，就如同做了凤尾，备受冷落。因此，我认为做凤尾不如当鸡头。"

多数学生默默地点头。

我不死心，问："对这位同学的说法，大家有不同的意见吗？"（这句问话属于心理咨询里的"封闭式询问"，老师提出选择性问题，然后询问：是不是？对不对？要不要？它主要用于强调重点，学生只回答一两个字，或摇头、点头就行）

没有人作声。也许大家隐约感觉此话有偏颇之处，却不知道如何反驳。

我说："大家真的认为满院都是绿草，仅仅你一枝鲜花绽放，就会备受关注、赞美吗？中国还有一句古话：木秀于林，风必摧之。"

学生点头："一株树木比别的树木秀丽、挺拔，很容易遭到风吹雨打。一个人在单位里过于优秀，没有同行者，将很孤独，且容易遭受挫折。"

我问："你们认为这个挫折可能来自哪里？根源何在？"（这句话依然是开放式提问）

"'鸡头'或'碧桃'恃才傲物。"

"为什么'鸡头'或'碧桃'会恃才傲物？"

"因为他觉得自己在那个小环境里很优秀。"

"这种错误的认识会导致什么结果？"

"会阻止他发展。"

又有人补充："可能被人嫉妒。"

我总结道："所以当'鸡头'未必就如你们所想的那么好。"

学生点头。

我又问："不过任何事物都有好的一面和坏的一面。当'鸡头'除了备受关注，还有什么好的一面？"

学生愣着，不知道怎么回答。

我说："它可以用自身的美丽、乐观、热情等感染、唤醒百花齐放啊！"

学生纷纷点头："对！"

我说："'鸡头'或'碧桃'若能用自己的优秀感染身边的人，将先进的教育理念带到普通幼儿园，让小小的校园成为花的海洋，则善莫大焉！无论如何，我们都应该挑选最适合自己的幼儿园，而不要人云亦云。在我大学毕业的时候，正流行一本书《北京人在纽约》，书的后面有几句话，说的是：如果你爱他，就把他送到纽约去，因为那里是天堂；如果你恨他，就把他送到纽约去，因为那里是地狱。"

学生纷纷问："老师，这是什么意思啊？"

我说："同样一份工作，对有的人来说，得心应手，如天堂一般；但对有的人来说，则不能适应，如地狱一般。因此，你们一定要认识到自己需要的究竟是什么工作，千万不要人云亦云，听人家说好，就一窝蜂地拥进去。有的人当鸡头好，并不代表所有人都不适合做凤尾。"

……

3．做一只重过程的"犟龟"

思彤说："昨天上午我们在吴总那里面试。吴总像一个父亲，对我们非常和气，我就想：若能在他手下工作，该有多好啊！下午我们到吴总的爱人秦总那里面试，这个女人好凶，好厉害，盛气凌人的，似乎一点也看不上我们，让延娜说话的时候，她都快要被吓哭了！"

我感叹："前一段时间测试普通话，你们第一次遇到比较厉害的老师，当时也是不适应，这次怎么又遇到一个？"想来我一直在学校教书，经历少，也许社会上这样厉害的女人很多很多，我便问："秦总和测试普通话的那个老师，谁更厉害一些？"

小可说："不好比较的。测试普通话的老师嗓门大，说话难听，给人的感觉素质不够高。她一边考试我们，一边说我们笨，还一边吃着菜角，不像个老师。而秦总很有气质，是从气势上厉害，眼睛斜着，明显看我们不入眼。"

我暗自叹气，秦总这么有身份的女人，何以想不通这么浅显的道理？您若看不上去应聘的女孩，她们便不可能被录用；既然不可能被录用，您便不必给她们发工资；既然不给她们发工资，又何必让人家难堪？您若看上了应聘的女孩，说明她们还比较入您的眼，您又有什么理由让人家尴尬呢？但这样的话，我依然不便对学生说出来，免得给初入社会的孩子火上浇油，只能再次无奈地感叹："谁知道你们将来会遇到什么样的上司呢？我们不能要求别人都和我们一样，要学会去接纳不同的领导。"

学生一脸丧气地说："要是面试失败了，多郁闷啊！准备了这么久。"

为调节气氛，也为了加快班会的节奏，我给同学们讲了一个故事——《有一只"犟龟"叫陶陶》。

一个美丽的早晨，乌龟陶陶坐在她那舒适的小洞前，看见一只雄鸽子飞了过来，告诉雌鸽子："你听说了吗？狮王二十八世要举行婚礼啦！他邀请所有的动物都去参加他的婚礼庆典！"于是两只鸽子决定马上出发前去。乌龟陶陶想："如果所有动物——大大小小、男女老少都被邀请了，当然也会包括我。为什么我不该去参加这有史以来最热闹的婚礼呢？"想了整整一天一夜后，陶陶终于拿定主意，第二天一大早便上路了。她一步一步地向前爬去，虽然很慢，却一直没有停下。

陶陶在路上遇到了一只蜘蛛发发。陶陶告诉发发狮王二十八世邀请了所有的动物参加婚礼，她正往前赶呢！发发忍不住笑着说："你可是慢得出奇呀，怎么可能赶得上呢？连我也觉得路途太远，你看我有八只脚，你只有四只脚，我的脚可比你多一倍！"可是陶陶仍旧吭哧吭哧地往前赶路。

在一片常春藤上，蜗牛师师看见了陶陶。"我赶去参加狮王二十八世的婚礼。"陶陶告诉师师。师师劝陶陶:"你赶不上的,而且你连方向都走反了。你应该朝南走,而不是朝北走。"陶陶感谢师师给她指路,又慢慢掉转方向,往前爬去。

陶陶爬呀爬,又过去了好多天。她遇到了壁虎茨茨。茨茨穿着绿色闪着光的华丽衣服。茨茨问她去干吗,陶陶告诉了他。茨茨以狮王的高级大臣的身份正式地向陶陶宣布:狮王要和老虎决斗,婚礼暂时取消了,你回家去吧。可是陶陶想:我一旦已经出发,就决不回头。于是她又上路了。

陶陶爬呀爬,遇见了一群乌鸦,他们蹲在一棵干枯的树上,一副闷闷不乐的样子。其中有一只乌鸦叫阿嚏,陶陶告诉阿嚏她要去参加狮王二十八世的婚礼。阿嚏说:"你没看见我们穿着黑衣吗?狮王在与老虎的决斗中去世了。"陶陶觉得非常遗憾,但她决定的事,是一定要坚持下去,不会回头的。

就这样陶陶又走了好多天。一天,她来到了一片森林中,这里树木茂盛。森林的中间,有一大片鲜花盛开的草地。草地上聚集了许多动物:大大小小,男女老少。大家都兴高采烈的,充满期待的喜悦。陶陶问一只金丝猴大家为什么这么开心。金丝猴告诉陶陶,狮王二十九世的婚礼要举行了。陶陶没有赶上狮王二十八世的婚礼,却意外地参加了狮王二十九世的婚礼。

我把故事讲给学生听,最后问:"犟龟在用行动告诉我们什么?"思彤说:"坚持,坚持到底就是胜利。"

我点头:"是的!她虽然没有赶上狮王二十八世的婚礼,却赶上了狮王二十九世的婚礼。好多人都是这样理解这个故事的。咱们班有的同学这次到'蓝天育儿公司'面试,虽然失败了,但有了经验,下次成功的概率就会大些。我们需要的也许就是坚持一下,再坚持一下。当然,我以前也曾经告诉过你们要学会放弃,如同犟龟听说自己走错了方向,马上掉头一样。但在锻炼自己、丰富自己经验的时候,我们不能逃避,必须像犟龟一样坚持。现在萱萱在一家新开的公司里实习,也许她们的公司会越来越红火,也许会倒闭。如果萱萱努力了,但最后公司不能生存下去,大家觉得萱萱的努力是一种浪费吗?"

大家纷纷摇头:"她亲眼看见了公司起步的境况和失败的过程。"

我说:"这的确不是浪费,因为她增长了阅历,获得了经验,就像你们昨天增长了见识一样。这也是一种财富。"

我是在用萱萱的冒险提醒学生坚强——人们总是这样,喜欢用自己的行动和别人相比,若是别人比自己的选择风险大,自己的失败似乎也就降低了程度。心理学家艾利斯就曾根据人们的这一思维总结出了"合理情绪疗法"。学生很认真地听着。但是,我感觉这还不够,索性谈起了在"铁皮鼓"老师博客里看到的几个网友关于犟龟的对话。当时,那几个网友在网上的讨论如下。

冷清秋老师:我在想,如果犟龟最后没有遇到狮王的婚礼,怎么办?犟龟如何面对自己?

嫣然老师:呵呵,还有猴王的婚礼。还有铁皮鼓的婚礼呢。(我发挥说:即使我们在"蓝天"面试失败了,还有"小天使"幼儿园、萌芽、花语幼儿园呢——这些幼儿园每年都来我们学校要人,错过一个算什么?)

冷清秋老师:或许永远没有婚礼。

嫣然老师:就算什么也没有遇到,可是她遇见了蜘蛛,遇见了蜗牛,遇见了乌鸦,她知道在她的窝以外还有一个很大的世界。重要的是过程。(我发挥说:也许我们努力了一辈子,最终都没有成功,但我们遇到了好多让人欢喜让人忧的有趣事情,这些都能丰富我们的社会阅历,所以关键的是过程。)

冷清秋老师:其实最关键的问题是,犟龟是否遇到自己?我们经常走了很远,遇到了许多人,却一直遇不到自己。

嫣然老师:这是一种经历。

我把这些话原封不动地读给学生听,最后感叹:"其实,人生不过百年,相对于整个宇宙,我们赤条条地来,再赤条条地去,最终能得到什么?无非是得到一些经历——求职的经历、言谈的经历、成功的经历、失败的经历。

我们在座的都没有通过'蓝天育儿公司'的面试,但是我们在应聘过程中遇到了很多事情,见到了王主任、郑主任、吴总等,见识了比测试我们普通话的老师更加盛气凌人的女人。这,就足够了!若能以研究的心态来看待我们遇到的每个人,就更加有趣了……"

学生纷纷点头,问:"老师,您能谈谈以前的学生在应聘方面的故事吗?"

我说:"好的。上一届,我有一个学生雪儿,'五一'长假前在'蓝天育儿公司'面试中失败,但是她不肯服输,找我请假回家,她在家里将'蓝天育儿公司'的简介、概况以及'蒙氏教育'的理念,背诵得滚瓜烂熟,然后再次到公司面试。'蓝天育儿公司'的领导非常感动,对员工说:'人家还没有来这里呢,已经把我们公司的教育理念了解得这么透彻了!你们怎么能不认真学习?'但是他们人手已满,雪儿再次失败了。失败后的雪儿在'五一'长假后,没有及时赶回学校,竟然也耽误了二流单位'小天使'幼儿园的面试。其实,雪儿是那样冰雪聪明,无论专业课还是文化课都非常突出,她若参加'小天使'幼儿园的面试,一定会成功的。命运怎会如此?但是,她坦然地接受了这一事实,只笑着对我说:'老师,我追求过了,却没有赶上参加狮王的婚礼,也失去了参加猴王婚礼的机会,但是我不后悔,因为您曾经说过,我们应该重过程。'"

学生瞪大眼睛,认真琢磨着,有人说:"我们应该向雪儿学习。"

我点头:"我也应该向她学习,她在用行动践行我们的班会精神。"

学生说:"老师,再讲一个学姐的故事吧。"

我说:"还有一个学生小梦,和雪儿是同班同学,有幸被'蓝天育儿公司'录用。就在别人都万分羡慕她的时候,她却在一个月后主动放弃了这份工作。因为小梦的钢琴弹得好,舞蹈也不错,长相更是甜美,但她的记忆力不行。而同学们进入'蓝天育儿公司'后,首先就是要大量背诵蒙台梭利教学法的内容,每天要背诵到夜里11点。小梦很刻苦,但别人1小时就能背诵下来的知识,她背诵3小时也不行。可是她学习舞蹈、钢琴的效率比别人要高得多。最后她选择了放弃那个人人羡慕的单位,到了一所幼儿园,专教幼儿舞蹈和琴法，现在工作非常出色。"

最后我问："我们应该向小梦学习什么？"

学生回答："找最适合自己的工作。"

我说："是的。我们在找工作的时候，千万不可跟风，不可将别人的目标当成自己的追求。"

学生又一次鼓励："老师，再讲一个故事。"

我说："我还有一个学生叫甜甜，是我以前班级的舞蹈课代表。她素质非常高，人漂亮，舞蹈成绩好，而且语言表达能力极强，上课时总能跟上老师的思路，回答问题很积极，对班级活动也特别热心，是一个很认真、很负责的班干部。但是，她有一个毛病，听讲的时候不会像文静的学生一样老老实实地端坐一节课，她总是坐一会儿身子就扭来扭去。了解她的人都知道，其实她也在认真地听。但是，在她最心仪的单位来面试的时候，领导讲话，她依然一边听，一边扭来扭去。因此，领导误认为她很浮躁。她落选了。紧接着，一些二流的单位来要人，同学们在舞台上各尽所能地表演，甜甜也不例外，她那天的表现特别出色，在每个节目里她都是最引人注目的。但是演出结束进行双向选择，没有一所幼儿园要她。倒是那些专业不出众的同学很受欢迎。"

学生一下子愣住了，问："老师，这是为什么啊？"

我说："因为来我们学校要人的单位，也分为好几个等级。一般最先来招人的单位，对学生的要求也会很高。而最后来招人的单位对学生专业课的要求就不太高。曾有几个幼儿园园长对我说：'老师，您给我推荐几个其貌不扬、朴实认真的学生，我不要那种太出色的学生。太出色的学生成绩好，眼光也高，我这幼儿园只怕留不住她们。'还有的幼儿园领导直接说：'我不要太漂亮、太有灵气的学生，我们幼儿园在都市村庄里，周围有钱又游手好闲的男孩太多，太漂亮的女孩到我们幼儿园太让我操心了，我只担心她们被骗。所以，请您给我推荐人品好、责任心强的学生吧，其他一切都是次要的。'甜甜太优秀了，却因为听课习惯不好而让人家领导误会，最后导致没有单位要她，她当时很无语。这是所有人都想不到的。有一天，她苦笑着，很纳闷地问我：'老师，我竟然找不到工作！我怎么会找不到工作？大家都说我专业课好，文化课也好啊……'"

学生问："您是怎么回答的？"

我说："我就像刚才说的那样跟她分析，并劝她再等等看。"

学生继续问："后来呢？后来甜甜去了什么单位？"

我说："说来也巧。招聘会结束三天，有一所很不错的大学附属幼儿园才听到消息，到我们学校问是否还有优秀毕业生。学校正好推荐甜甜去面试，人家对甜甜非常满意。甜甜因为有前面的挫折，对待工作踏实又认真，一直坚持到现在。现在甜甜不但担任着班主任，还办了舞蹈班，收入相当高。"

学生长长地呼出一口气，说："老师，您说的这几个学生都是成绩非常好、人又漂亮的学生。能不能举几个成绩不算太好的学生的例子？"

我说："其实单位更看重的是人品，是职业道德。我第一次带班的时候，有一个学生小蕊，个子不高且很胖，她乐感不好，唱歌的时候总是跟不上节奏，但是非常热心。她在学校上了一年级后，就利用暑假在自己的家乡免费组织小朋友们每天到她家唱歌、跳舞、讲故事。在暑假结束前，她还在村口为孩子们办了一台晚会。虽然孩子们的舞蹈有些幼稚，歌声老是跑调，但是孩子们的神态都非常可爱，家长没有不喜欢的，晚会上就纷纷建议她毕业学成后回家乡办幼儿园。就这样，小蕊在实习时，首先去了一所刚刚开业的幼儿园，工资低，工作量大，但她要积累经验，她坚持了下来。这个实习的单位步入正途后，她自己就回家乡开办自己的幼儿园了，现在她在中牟县已经有四家分园。"

学生惊呼："哇——"

我问："这说明了什么？"

学生回答："在这个世界上，到处是我们要走、可走的路，就看我们能不能踏踏实实地去工作、积极向上地去生活了。"

我说："是的。班会开到这里，时间也不短了，同学们还有什么问题吗？"

学生纷纷回答："目前没有了。等这几天有问题了，我们再问您。"

我说："好的，最后，我祝愿同学们永远有一颗芬芳轻盈的爱心，永远有风流潇洒的情怀。再过十年，我们相见，希望那时你们能像我，我也能像你们，有更欢乐的心，有更快乐的歌。"

【班会总结】

这是一个内容较多、主题较散、对学生却有很大指导性的班会。中职生马上要步入社会，面对一个个面试场景，他们很忐忑，不知如何应对。因此，我用回答问题、讲故事等方式，尽可能地回答学生的问题。也许，这些问题对学生没有什么帮助，但至少让他们明白了面对竞争和竞争后的失败，我们应该有什么样的心态。或者，这样的讨论至少让学生知道了老师的心是和他们在一起的，老师愿意在实习面试中与他们一起面对种种挑战。

这就是班会的意义。

操作提示

1．了解实习面试中可能遇到的问题。

2．准备《有一只"犟龟"叫陶陶》的故事。

3．整理以前的毕业生在面试、实习中遇到的问题和故事，讲给学生听，供他们参考。

五、离校前最后一课

化茧成蝶，放心去飞

【推荐理由】

1．两年的职校生活即将结束，怎么召开最后一次班会，是很多班主任困惑的事情。本次班会为广大班主任提供了一种思路，值得借鉴。

2．本次班会不但总结了中职生在校的学习和生活，还提醒学生如何去感恩母校，同时又为下一届新生做了榜样，是一次非常成功的班会。

【适用年级】中职二年级（离校前夕）

【班会背景】

明天学生就要离开学校了，今天要召开最后一次班会，为中职生在校学习画一个圆满的句号，同时将两年来的学习、生活回顾一下，总结一下，为下一步的实习做好铺垫。

学生非常珍惜这在校的最后一天。教室里弥漫着浓浓的离愁别绪，大家尽力准备着节目，尽心回忆着以往的一幕幕……

【班会目的】

1．为两年的职校学习、生活做总结，为未来的实习就业做提醒。

2．两年的职校生活，朝夕相处，尝遍了酸甜苦辣咸，感受了喜怒哀乐惧。有的学生生性乐观，留在他们记忆里的将是美好的情境；但有的学生生性悲观，可能会在离开后充满遗憾，认为自己在学校收获的都是伤感。我希望通过这次班会提醒学生，他们在这所学校是学到了知识、技能和做人的道理的。

3．提醒学生实习时的注意事项。

4．为新生班会做教育资料。

【重点难点】

1．引导学生排练节目、回忆往事。

2．提醒学生实习的注意事项。

【课前准备】

1．回忆两年的学习、生活中发生的重要事情。

2．让学生写演讲稿《实习，你准备好了吗？》。

3．引导学生排练汇报演出的节目。

4．老师准备送给学生的"经典十二句"。

5．教学生唱《手牵手》。

【设计思路】

1．第一乐章：校园绿花。回忆学生入学的情境、军训的情境。

2．第二乐章：化茧成蝶。展现舞之情、美之韵、声之乐、琴之瑟、乡之音、语之魅、爱的艺术、礼仪表演等。

3．第三乐章：放心去飞。包括演讲《实习，你准备好了吗？》、讲给学弟学妹们的小建议，以及老师送给学生的"经典十二句"。

4．最后演唱《手牵手》。

【班会实录】

主持人马淑新、李宁、杨绪娟、李红玲同时上场，齐声朗读："光阴似箭，日月如梭，转眼间，我们在这个教室里已经学习了两年。"

马淑新："一想起来明天就要离开，我心里便有万千不舍。"

李宁："是啊！黑板还是这块黑板，桌子还是这张桌子，窗户还是这扇窗户，凳子也还是这张凳子。但从明天开始，我们一旦离开，人就不再是我们这些人了。真是'年年岁岁花相似，岁岁年年人不同'。"

杨绪娟："同学们不要这么伤感好不好？我看到的是，我们每一个人都比以前成熟、漂亮、稳重了。回想两年前进校的时候，那是什么样子？"

李红玲："对，我们不要过于伤感，让我们来看看当时进校的情境吧！"

第一乐章：校园绿花

主持人播放学生入学时的照片。班级气氛马上活跃起来，大家相互指着对方取笑："啊？我两年前竟然是这个样子！"

"好土气啊！"

"呵呵！我的背怎么就没有直起来？"

……

学生1："我现在还收藏着老师第一次见我们时给我们写的信。"

学生2："是的。当时看到老师在信中说：'李老师不能许诺你们一定有一个辉煌的前程，但是我会常伴你们左右，在每一个泥泞的黄昏……'当时，我真的好感动,没想到老师年龄这么大了也如此善感。当时,我就喜欢上了我们的班主任,喜欢上了这所学校。"

学生3:"我难以忘记的是,自己没有住过校,一进校门就有点焦虑,看到老师在信里说'从现在开始,你们在郑州又多了一个亲人——李迪老师',我感觉很温暖。谢谢老师!"

学生4:"我记得最清楚的是,老师送给我们的诗《南瓜》,让我感觉老师好有诗意、好乐观。"

李宁:"但是,接下来的军训,就让我们很难受了。"

主持人播放军训时的照片,学生一看照片,又开始议论。

学生5:"我还记得自己军训时跟教官闹过矛盾。"

学生6:"是啊!站军姿好累,好辛苦,全身上下都是酸痛的。"

学生7:"当时想打退堂鼓的,可不止一两个人,是一大批人呢!"

学生8:"我们在家里哪里受过站军姿的苦啊!"

马淑新:"是啊!就在我们都要受不了的时候,老师给我们讲了一个故事,是——"

学生纷纷:"《美人鱼》的故事。"

马淑新:"这个故事,让我们明白,为了成为合格的幼儿园教师,为了拥有高雅的气质,我们必须坚持军训。"

学生9:"也就是在军训之后第一次回家,我爸爸说我的个子一个月内长高了。其实,不是我长高了,而是我不驼背了。"

学生1:"所以,我们在军训结束时对教官依依不舍。"

学生2:"可见,人的潜能是很大的。当我们将抬头挺胸变成习惯后,就不会觉得这样的姿势很累了。"

杨绪娟:"军训后,我们开始学习,却没想到,我们学的很多课程,真的比站军姿还难……"

第二乐章：化茧成蝶

李宁："首先让我们看'舞之情'。"

主持人播放照片，照片里同学们在练功，大都严肃认真，但是也有的人龇牙咧嘴的，因为练功太疼了。同学们嘻嘻哈哈地笑。

李宁："是老师手把手地教我们练功，我们才一个个地出落得如此美丽，取得了很多奖项。比如——"

学生纷纷："舞蹈《女儿花》和《佤山印象》获得郑州市音幼技能竞赛一等奖。"

李红玲："我们不但在老师的指导下拿了大奖，而且自己也会编舞。下面就请欣赏崔彤彤等自编自演的《少女时代》，大家掌声有请。"

崔彤彤等跳舞。

马淑新："接下来是'美之韵'。我们在美术方面也取得了很多成绩，获得了许多奖项。"

主持人播放美术作品。

杨绪娟："还有'声之乐'，我们的歌唱能力，也有了很大提高，获得的奖项有——"

学生异口同声："《玛依拉》《醉风情》在郑州市音幼技能竞赛中获得一等奖。《猜调》获得郑州市中小学合唱比赛一等奖。"

杨绪娟："我们班的同学合唱能力强，独唱能力也很厉害。下面请欣赏魏丹阳同学演唱的《小背篓》，大家掌声鼓励。"

魏丹阳演唱《小背篓》。

李宁："接下来是'琴之瑟'。我们刚进校门的时候，没有摸过钢琴，但现在很多同学都能弹奏四手联弹难度较大的曲子。让我们有请卢冠丽、孟林楠为我们演奏。"

两个同学演奏四手联弹。

马淑新："除此之外，老师还教我们唱了很多戏曲选段，我们不仅会唱河南的地方戏豫剧、曲剧，还会唱京剧、越剧、沪剧等。现在，让我们全班同学都来演唱《苏三起解》《燕燕说媒》《我家有个小九妹》。"

（演唱略）

李红玲："我们不但专业课学得好，而且文化课进步很大，接下来请看'语之魅'。我们在演讲方面、基本功比赛方面的成绩有——"

学生一起回答："马淑新获得省级演讲比赛一等奖。李宁获得郑州市职业学校'五加一'竞赛一等奖。赵丽莎获得郑州市英语口语竞赛一等奖。"

李宁："这是我们几个主持人的荣耀，也是我们全班的荣耀。除了学习专业课、文化课，我们的班主任李迪老师，还特意为我们设计爱情教育系列班会，让我们明白爱是一门艺术，让我们对爱有了敬畏之心。"

学生4："而且，我们的爱情教育系列班会《我和学生谈爱情——将爱情教育进行到底》已经出版，现在我们班的学生人手一册。老师为我们考虑得太周详了，谢谢老师。"

学生纷纷："谢谢老师。"

杨绪娟："回顾我们以前的照片，再看看我们现在的样子，变化很大，因为我们现在一个个亭亭玉立、彬彬有礼，因为我们的班主任一直在对我们进行礼仪训练。接下来，请李丹丹等同学为我们进行礼仪表演。"

（表演略）

马淑新："真的很美、很靓，同学们都化茧成蝶了。明天我们就要步入实习单位。我们的班会马上进入第三乐章。"

第三乐章：放心去飞

李红玲："首先，请赵丽莎为我们演讲《实习，你准备好了吗？》，大家掌声有请。"

赵丽莎演讲："转眼间，我们要告别校园生活，步入实习。我只想问大家：实习，你准备好了吗？以前当学生，我们的任务是学习、成长，我们只要为自己负责、做好自己的事情就行了；明天步入社会，我们将由学校人转化为社会人，我们除了要为自己负责，还要为幼儿园负责，为班级的每一个孩子负责，为家长负责，将来还要为新的家庭负责，我们再也不能任性，再也不能偷懒，因为我们成了大人，要担当起一个幼儿园教师的责任。以前我们在学校上学，可以伸手向父母要钱；以后走向社会，我们应该为父母分担，所以要计划好自己的每一分钱的开支。以前我们在学校，迟到了、违纪了有老师批评；将来走向社会，我们违纪后可能就不只是被批评，而是要被扣钱甚至'炒鱿鱼'了。这个社会很复杂，外面的世界很精彩，但外面的世界也很无奈。无论你愿不愿意，我们都不可能一直躲在学校这个象牙塔里。我们必须去工作，必须去面对种种困境。当挫折来临的时候，我们要坚强……"（后面关于实习生仪表、纪律等注意事项的演讲略）

李宁："谢谢丽莎，谢谢你的提醒。我们要去实习了，今日我们欢聚在这里召开最后一次班会，却不知以后谁会成为这间教室的主人。无论谁是这间教室的主人，我们能在同一间教室里学习，并且共有一个班主任，说明我们是有缘分的。下学期，这里就会来一批学弟学妹。在离别之前，同学们是否有话对这些学弟学妹说？"

学生3："我想说：学弟学妹们在值日的时候，不要挑肥拣瘦，因为我们劳动的任务是一定的，你偷懒了，别人就要多干，久而久之，大家就不喜欢和你搭伴了，你的人缘就不好了。"

学生4："在你违反纪律后，老师批评你，你可别跟老师犟嘴，现在我才知道，老师真的是为了我们好才这样严格要求我们的。而且，你越犟嘴，老师越生气。"

学生5："以后进教室尽量早一点，不要迟到，因为你一迟到，就会影响同学们的听课情绪。"

学生6："我们的专业课在表演的时候很美。但是在练习的时候，真的好枯燥。冬天琴房里很冷，去弹琴时记得拿一大杯热水暖手。舞蹈基本功练习很疼，但练好基本功学动作就好看了，也容易了。练声时时间不要太长，但需要天天练……还有很多，我就不多说了。总之，你有多少付出，就有多少收获。"

李红玲:"谢谢,让我替学弟学妹们谢谢你们的肺腑之言。接下来,我们想听听李老师在临别之际还有什么话向我们交代。"

老师:"同学们说得非常好,我很感动。在临别之际,我真的有话说。请看电脑屏幕'经典十二句'——"

1. 屋宽,不如心宽。希望同学们做一个心胸开阔的人。
2. 一个人快乐,不是因为他拥有得多,而是因为他计较得少。同学们走向工作岗位,尽量不要和周围的人斤斤计较。
3. 看别人不顺眼,是自己修养不够。大千世界,人各有志,我们不能要求别人必须和我们一样。
4. 静坐常思己过,闲谈莫论人非。三个女人一台戏,幼儿园是女人汇集的地方,你们坐下来要常常想自己的过错,聊天时千万不可说别人的是非,因为你说别人的坏话,迟早会传到人家的耳朵里。
5. 并非有钱就快乐,问心无愧心最安。很多有钱人生活得并不快乐,而我们人生最关键的,还是问心无愧、快快乐乐。
6. 小事不做,大事难成。初入工作岗位,一定要从小事做起,这样才可能担当重任。
7. 发脾气是短暂的发疯。幼儿是弱势群体,你们千万不可对他们发脾气。
8. 话多不如话少,话少不如话好。以后和人打交道,要敏于行而讷于言。
9. 真正的爱心是呵护好自己这颗心。所以,轻易不要让自己生气、郁闷,凡事想开些,没有什么过不去的难关。
10. 尽多少本分,就得多少本事。在单位里,一定要尽自己的本分,踏踏实实、堂堂正正地做人。
11. 爱不是要求对方,而是要求自己付出。希望同学们记住,

> 我们在爱情教育班会里曾经讨论过：爱的最高境界是"给"而不是"得"。
>
> 12. 人要知福、惜福再造福。走上工作岗位，要永远记住感恩身边的人，珍惜来之不易的幸福，并好好对待小朋友，这就是造福。

杨绪娟："谢谢老师给我们这么好的建议，我们会铭记一辈子的。最后，让我们在《手牵手》的歌声中结束这次班会。"

学生齐唱《手牵手》。

【班会总结】

这是一个完全由学生主持、表演、回忆、诉说、总结的班会，一切以学生为主，老师在这里没有说多少话，甚至连引导都不必，只是在最后才给了一些建议，但是学生非常喜欢。她们真切地感受到了自己在职业学校里的成长，并再次感恩母校、感恩老师。其意义不仅在于提醒学生幸福，提醒感恩，还在于这些学生走出校门后会很客观地评价母校的一切，不会说过多负面的话。尤其重要的是，把这次班会用录像机录制下来，在新生入学后一个月内可以放给新生看。新生看到曾经在这个教室里生活、学习的学长们取得了那么多成绩，肯定会掀起万丈豪情。老师可以趁势询问新生，看了这个班会录像有什么感想，并准备好录像机录像。新生必然会谈到自己要如何努力、刻苦之类。但是，说归说，两个月后，他们的那些豪言壮语说不定就忘到爪哇国。当新生一两个月后违纪的时候，老师就不必多说什么，只把他们拉到计算机前，找出来当初的录像，说："你以前是怎么说的？再看看你现在是怎么做的……"这样，教育资源就循环利用起来了。

在我召开完这个班会后，我听说某校在学生临毕业的时候会召开一个大会，让所有老师向学生鞠躬道歉，因为我们教师也是平凡的人，可能在教学的过程中对学生做过不妥的事情。在学生即将离开校园之际，老师真诚地向学生表达歉意，一方面以行动告诉学生如何知错认错，另一方面让学生明白，每个人都不完美，我们应该用完美的眼光去接纳别人的不完美。

但是，在这个班会里，我没有这样做。因为这个班会只是我们班的活动，我们班的任课老师也是别的班级的班主任，很难集合到一起。如今我在写这个班会总结的时候，特意提出这个创意，也供老师们参考。

(操作提示)

1. 整个班会上老师说话不多，但是在准备班会的时候，老师必须对学生的节目进行策划指导。

2. 我们班是学前教育专业，因此在汇报的时候有"舞之情""美之韵"等很富有诗意的标题，倘若是别的专业，可以把这些内容换成自己的专业课。

3. 在谈到班级取得的成绩时，有的班级可能没有过于辉煌的成绩，但是肯定也获得过运动会、校技能竞赛、流动红旗等奖项，把这些总结出来，也是成长的见证。

4. 这个班会因为是学生在校的最后一个班会，最好录像。一来可以留作纪念，二来也为新生入学后开班会准备资料。

万千教育 基础教育类书目

书号	书名	著、译者	定价(元)
班主任工作理念与方法系列			
2877	班主任工作的60个"鬼点子"	刘坚新 郑学志 编著	52.00
2879	班主任与家长沟通的艺术 ——创建优质家校关系的60个策略	郑学志 著	52.00
2204	做一个会"偷懒"的班主任（第二版）	郑学志 著	48.00
1708	怎样教授道德才有效 ——德育心理学家给教师的建议	杨韶刚 等译	48.00
1709	学生特殊问题发现与应对 ——给普通教师的建议	昝飞 等著	48.00
7316	把班级还给学生 ——班集体建设与管理的创新艺术	郑立平 著	26.00
7344	遭遇问题学生 ——问题学生的教育与转化技巧	万玮 编著	25.00
7317	魅力班会是怎样炼成的	杨兵 著	25.00
8631	家校沟通，没有痛过你不会懂 ——知名班主任梅洪建的心路历程	梅洪建 著	32.00
0539	如何上好班级心理辅导活动课 ——钟志农答疑50问	钟志农 著	42.00
9902	德育主任新方略	丁如许 著	32.00
8611	班主任工作中的心理效应	刘儒德 主编	35.00
1135	班主任有效沟通的艺术与技巧	李进成 著	36.00

0541	班主任如何破解德育低效难题	赵 坡 著	35.00
9135	班主任，青春万岁——王君带班之道	王 君 著	34.00
8770	班主任如何带好差班	赵 坡 著	30.00
8309	扶年轻班主任上马	王 莉 著	38.00
7926	教师必须掌握的教育惩戒艺术	郑立平 等 著	28.00
7928	做一个聪明的班主任 ——对常见七类学生的教育艺术	郑立平 等 著	28.00
班主任工作理念与方法系列合计			**694.00**
中学/中职班主任专业技能系列			
0938	好班是怎样炼成的 ——中学班主任班级建设之道	谢 云 主编	38.00
9882	初中主题班会设计技巧与优秀案例	郑学志 主编	34.00
9056	高中主题班会设计技巧与优秀案例	郑学志 主编	32.00
9557	打造高中卓越班级的42个策略	覃丽兰 著	38.00
9990	打造中职卓越班级的41个策略	李 迪 著	32.00
9905	中职主题班会设计技巧与优秀案例	李 迪 著	35.00
9604	中学德育问题与对策	李 季 贾高见 著	35.00
8463	中学班主任的70个临场应变技巧	刘令军 等 著	34.00
中学/中职班主任专业技能系列合计			**278.00**
教育理念与实践系列			
4098	STEAM教学指南 ——用现实世界的问题吸引学生	邵卓越 等 译 刘 徽 审校	46.00

3371	教师情商修炼之道	杨敏毅 等 著	52.00
2754	教师怎样说话才有效（第2版）	李进成 著	58.00
8771	教师怎样说话才有效	李进成 著	32.00
2597	教师怎样说理才有效	李进成 著	52.00
1566	教导主任工作问题案例集	黄银美 主编	42.00
1139	如何当好教研组长 ——中小学教研组长专业素养与行动	杨向谊 著	36.00
1471	闪闪发光的故事：童书阅读与欣赏	周益民 著	32.00
0801	故事、儿童和作家的秘密——走近儿童阅读	周益民 著	32.00
0163	童年爱上一本书——教师、父母如何伴读	周益民 著	28.00
1564	教育：一场惊人的旅行	史金霞 著	62.00
8557	王晓春给青年教师的100条建议	王晓春 著	28.00
0734	怎样评价学生才有效 ——促进学习的多元化评价策略	陶志琼 译	48.00
0540	从生活中悟教育智慧——教育隐喻启示录	严育洪 著	36.00
0035	重构教师思维——教师应知的28条职业常识	刘 祥 著	32.00
9137	跟禅师学做教师	谢 云 著	28.00
8952	教育管理学：理论与实践（新版）	朱志勇 等 译	88.00
7615	零距离美国课堂	王 文 著	28.00
8604	一位青年教师的专业成长之路 ——王君专业求索笔记	王 君 著	32.00
8271	让教师偷着乐——校园幽默笑话396则	唐劲松 主编	18.00

5655	从教第一年——新教师职场攻略	赵 丽 等 译	45.00
5088	培养中小学生的创造性——理论与实践	胡清芬 等 译	16.00
7704	心与心的约会——孙明霞的生命化课堂	孙明霞 著	28.00
教育理念与实践系列合计			**899.00**
心理健康教育课程设计系列			
0059	中学生心理课——生涯发展	廖丽娟 等 编著	28.00
0060	中学生心理课——情绪管理	杨红梅 等 编著	32.00
0185	中学生心理课——综合篇	中学生心理课综合篇教研组	52.00
8446	中小学生自伤问题——识别、评估和治疗	唐苏勤 等 译	25.00
5834	心理健康教育课程设计	吴增强 蒋薇美 著	32.00
心理健康教育课程设计系列合计			**169.00**
教学理论与策略			
1790	优质提问教学法——让每个学生都参与学习（第二版）	盛群力 等 译	48.00
1750	激发中学生脑的力量——适于脑的8种教学策略	吁思敏 卢小蕾 译	38.00
1594	设计与编写教学目标（第八版）	盛群力 等 译	42.00
0226	多元智能教与学的策略（第三版）	霍力岩 等 译	60.00
0150	教师怎样提问才有效——课堂提问的艺术	宋 玲 译	45.00

......
欲了解更多图书信息，请登录：www.wqedu.com
联系地址：北京市西城区三里河路6号院2号楼213室　万千教育
咨询电话：010-65181109，65262933

*本目录定价如有错误或变动，以实际出书为准。